崩潰媽媽的自救指南

保持冷靜、化解親子衝突的怒氣平復法

Carla Naumburg, PhD
卡拉·納姆柏格 博士／著
郭庭瑄／譯

獻給我的女兒。要是沒有她們，我當初就不會抓狂。

獻給我的先生。一個很少抓狂的男人；就算我常抓狂，他還是一樣愛我。

・序言・

・第一章・

目錄

・第四章・ 一次只做一件事，才能完成更多事　113

・第五章・ 不想抓狂必做的事　143

・第六章・不想抓狂應做的事 173

・第七章・保持距離，以策安全 201

·序言·

管教≠發脾氣，讓孩子聽話不能只靠生氣

你三不五時就被孩子弄到崩潰抓狂，理智斷線，失控暴走，對他們大吼大叫。你不想承認自己很容易被激怒，但只要一點小事就會把你惹毛。你知道自己想成為什麼樣的父母，也希望自己能變得更冷靜，不要亂發脾氣，可是不論你怎麼努力，依舊徒勞無功。

雖然我不認識你，不了解你的個性、家庭或是特有的發飆風格，但我可以告訴你六個為什麼你會不時崩潰的真相，這些真相能減輕你的羞愧感，讓你更有能力面對及處理自己的情緒，不再會動不動就抓狂。

父母會抓狂的六大真相

1 父母真的很難當。

當爸媽對每個人來說都很難。真的，沒有一個人例外，連那些總是開著一塵不染的多功能休旅車、手拿低脂豆漿拿鐵停在家長接送區最前方的「看似超完美媽媽」也一樣。

父母難為的原因有很多，有些和爸媽本身有關，有些和孩子有關，有些則比較像是受到月亮的陰晴圓缺影響，跟地球上的人事物一點關係也沒有。

2 父母本來就會有抓狂的時候。

有的人可能比較常動怒，吼得比較大聲，或是比較容易公然飆罵，但只要是人，難免都會有情緒失控的時候，你絕對不是世界上唯一會崩潰的人，這點無庸置疑。幾年前《紐約時報》（*New York Times*）刊登了一篇文章，說「喝斥」已取代了傳統的「打屁股」，成為新的懲罰方法，還稱我們這一代為「吼叫世代」（a generation that yells）。

3 你以為自己已經徹底傷害孩子的心，然而事實正好相反。

別誤會，你應該很清楚情緒崩潰對孩子、自己和其他人完全沒好處，但你可能不知道其實人類的適應力與復原力比我們所想的更強。許多擁有廢物父母，或是原生家庭一團糟的人長大後都很正常，成為具有生產力、對社會有所貢獻的一分子。這表示你可以放下一直以來揪結住心頭的壓力、羞愧及罪惡感，目前也還不需要急著支付兒童諮商與心理治療的帳單。

4 抓狂百害而無一利。

失控暴走不僅令人身心俱疲、難受不已，還會讓孩子陷入焦慮，導致親子關係緊張，讓你開始懷疑自己與自身的教養能力。

此外，情緒崩潰只會消磨掉寶貴的時間和精神，讓你離自我期許的父母形象越來越遠，也無法完全解決問題或避免問題再度發生；更糟糕的是，這樣做反倒讓你在孩子面前做出不良示範：你的舉止反應正好就是你不希望在他們身上看到的行為。

5 抓狂與意志力無關。

很多父母都以為自己應該具有不抓狂的能力，靠意志力咬緊牙關，撐過難熬的時刻，不讓情緒爆炸。雖然有些人有時的確能達到這種境界，但實際上意志力並不像我們所想的那麼可靠，可預測性也沒那麼高。

因此，假如你覺得自己不夠堅強，沒辦法控制情緒、保持冷靜，請記住這跟個人的毅力與意志力無關，重點在於要理解抓狂的原因，掌握有效應對負能量的策略和技巧。

6 你可以學習如何大幅降低抓狂的頻率，以及如何在失控時快速恢復鎮靜。

這些情況不會在一夜之間完全改善，你必須要努力練習才行。不過，生命中最美好的事物都有代價，而且你的孩子搞不好還會毀掉你好不容易努力才獲得的成果，所以我們不必追求最好，只要有進步，比現在的自己更好就行了。

如果你希望讀完這本書後再也不會抓狂，要是還抓狂就保證全額退費的話，不好意思，沒有這種事。但好消息是，對你、我及其他父母而言，想改善情緒崩潰問題、培養覺知，並降低對孩子無故發飆的頻率，不必像達賴喇嘛一樣就做得到。也就是說，只要你試著保持冷靜、不讓怒火失控，就能創造出喘息的空間，讓自己深思熟慮後再做出回應，用你想要的方式來教養孩子。

要達成這個目標並不難。你不必做出劇烈的改變、拋棄原本的生活，也不用聘請超級保母，或是花大錢買什麼愚蠢的二十七步驟課程（大概上到步驟二你就會受不了了），我會透過簡單的說明來教你怎麼控制脾氣，並推薦一些值得養成的習慣與自我練習，這些祕訣不僅能幫助你成為更淡定、更有耐心的父母，還能讓你進一步掌控其他生活面向，擁有更快樂、更富生產力的人生。

你可能已經讀過一些教父母如何不要破口大罵，或是地雷被踩到時該怎麼保持冷靜之類的資訊，我猜那些建議應該沒用，否則你也不會打開這本書了。我讀過十大暢銷好書，翻遍所有相關文章，不光是為了本書做研究而已。

幾年前一個特別不順的夜晚，我首度查找這些資料。當時我把家裡的小霸王（我有兩個女兒，分別是十歲和八歲）放在電視前方看《小老虎丹尼爾》（Daniel Tiger）的卡通，好讓自己有大約二十二分鐘的時間可以上網搜尋「如何停止對孩子大吼大叫」的方法。擁有臨床社工博士學位的我居然被逼到要用Google搜尋這種東西，真的是令人難以置信。所以如果你的腦袋一片混亂，不曉得該怎麼面對這些情緒控管與親子教養問題，記住，你絕不孤單。

抓狂真的不是你的錯

根據我個人及職場上的專業經驗，坊間許多相關建議對大部分父母來說之所以沒用，有幾個不同的原因。

* 這類型的書很多篇幅都太長，導致大部分父母沒有太多時間、精力或欲望去細讀每一個字。我保證本書一定只講重點。
* 有些建議會要求父母和小孩遵照不切實際的標準，依循那些理論上看起來很棒，但實際上根本不可能執行的做法。一旦按照書上說的去做卻沒有成功，你就會覺得自己很失敗，最後乾脆放棄。本書所提供的方法和建議都是我自己在家裡會做的事。

另外我要再次提醒：不是只有完美的父母才是好父母。「完美」並不是成為好爸媽的必要條件。你越給自己壓力、越追求完美，就越有可能失控抓狂。

* 大多數建議會把重點放在抓狂那一刻，告訴你當時不應該發飆，應該要怎麼做才對。我認為這種事後才說你當初該做什麼、能做什麼、要做什麼的意見都是馬後砲。你當然知道自己應該要深呼吸十四次或是做十下開合跳而非大吼大叫，要是做得到，你一定會做。顯然你需要不一樣的方法。我這裡倒是有幾招。

* 對你或你的家人來說那些做法不適用。我曾讀到一項建議是我應該對著馬桶大吼，而不是對著小孩大吼。或許這個策略對那位作者來說很有效，但當時我兩個女兒一個在包尿布，另一個則處於痛苦的兒童便盆訓練地獄，我真的不想花更多時間在裝大便的容器附近徘徊。

本書所提供的方法不僅一體適用，更可以依照個人喜好及自我風格，創造出最適合自己的方式。

＊最後，抓狂在所難免（應該說不管怎樣一定都會發生），可是相關書籍文章很少談到抓狂後該怎麼做。其實事後面對自我、回應孩子的方式很多，有好有壞，比較有效的方法能幫助你快速恢復冷靜，降低短時間內再度爆炸的機率，因此接下來我們會聚焦在這類策略上，再繼續聊抓狂。

這樣做，減少發飆的次數

若你仍三不五時就會抓狂，不是因為你很失敗，也絕對不是因為你有問題，無論是身為人或身為父母都一樣。這點非常非常重要，所

為什麼天下無糟糕的父母？

有些人可能會想，世界上真的有很爛的父母啊。行為脫序的爸媽、毒打小孩的爸媽，或是長時間忽略、羞辱甚至威脅孩子的爸媽。或許你覺得自己就是其中之一。

你可能是，可能不是，但不管怎樣，我都拒絕把「爛父母」這頂帽子扣在任何人身上。這麼做完全沒幫助。一旦被貼上這種標籤，你就會深陷泥淖，無法踏上通往改變與療癒的路。與其談糟糕的父母，不如來聊聊那些拚命掙扎，尚未獲得正確資訊、資源與支持的父母。讓我們從同情心和慈悲心出發，想想下一步該怎麼做吧。

以我要再說一次：「你不是糟糕的父母。」

當父母很難，每個人都會有失控的時候，你只是還沒找到正確的方法、獲得適當的支持而已。我保證，你一定做得到。

〔步驟一〕了解抓狂背後的原因。

首先，我們必須釐清抓狂的含義和不斷抓狂的原因。簡單來說就是你的地雷被踩到了；複雜一點的答案則牽涉到你為什麼有這麼多地雷、為什麼教養會讓這些地雷變得敏感得要命，以及這些地雷被踩到時會發生什麼事。

要了解這個過程，我們必須先走進大腦、踏入心靈，探索自己的內在。一旦明白觸發神經系統的因素，搞懂這些導火線引致情緒爆炸的運作模式，你就會意識到抓狂並不是因為你天生軟弱或道德淪喪，而是一種與生俱來再正常不過的人體內建機制。這種機制會在個體的地雷被踩到時推動「戰鬥／逃跑／僵止／抓狂」反應，就算這類反應對當下的情況毫無助益也一樣會產生。

幸好，只要你了解事實的真相及背後的原因，就能減輕心中的失控感與羞愧感，找回更多自主權，讓自己更有能力與瘋狂暴怒的大腦一起合作、攜手面對問題，而非每次都被激動的情緒打趴在地。

〔步驟二〕掌握自己的地雷與導火線。

現在我們要來聊聊地雷與導火線。本書中的「地雷」象徵神經系統，「導火線」則泛指任何刺激神經系統，讓地雷變得更大、更亮、更敏感、更容易被孩子踩中的事物。你的孩子一定、絕對、百分之百會激怒你。他們無論在基因上、演化上、生理上、發育上、關係上、心理上和情緒上都內建了這項功能，只要有機會，他們一定會用黏答答的小手指猛戳你的痛處。

每個孩子都是踩雷高手，只是有些孩子的力道比較大、速度比較快而已。至於這麼做的理由純粹因為你是他們的爸媽，並不表示他們內心偷偷瞧不起你。

許多親子教養書都把重點放在如何教育孩子，讓孩子不再激怒你。雖然教導孩子培養自我控制的能力、不要隨便動手動腳確實是父母的職責，但就父母本身的情緒控管來說，這絕對不是最佳戰術。你真的想把自己的理智和身心健康，寄託在一個會舔牆壁或像吐司一樣軟趴趴攤在地上的人嗎？我不這麼認為。

幸好，我們還有更棒的方法。接下來你會探索自己的地雷區，找出激化地雷的導火線，並學習如何撲滅這些情緒火花，讓腦袋冷靜下來。這種做法簡單又直接，而且助益不僅限於親子教養，更擴及至生活中每一個層面。有時做起來並不輕鬆，對那些幾乎隨時都可能情緒引爆的忙碌型爸媽來說更是如此。然而，你已為人父母，就表示你能面對任何困難，完成艱鉅的任務。

〔步驟三〕振作起來，調整自己，好好生活。

對少部分父母而言，只要洞悉地雷與導火線機制，摸透抓狂的原因，就能帶來重大的改變。一旦清楚了解特定情況或經驗觸發神經系統的方式，你會突然覺得心裡那股煩躁易怒感平靜了不少。

但大多數人需要的不單是深刻的見解，還需要學習如何用具體的方式盡可能讓地雷黯淡無光、變得更小，能防踩更好。然而，這部分通常牽涉到自我照顧和自我關懷，類似所謂「愛自己」的概念。許多父母聽到這幾個字都會開始神經緊張、焦躁不安，因此，本書將自我照顧列為「不想抓狂必做的事」。幸好，這個觀念不太複雜，也不需要時時刻刻做到完美。你不是在參加馬拉松訓練，只是在進行自我練習，這樣下次孩子拒吃晚餐後二十分鐘吵著要吃零食時，你就能有多點耐心。

〔步驟四〕切換注意力，不要掉入抓狂陷阱。

當你越能用管理地雷與減少導火線的

為什麼孩子老愛踩我地雷？

孩子激怒爸媽的原因百百種，可能是為了尋求關注，或是企圖得到想要的東西，只是他們還不夠成熟，沒有能力控制衝動，不懂得用其他方式來表達需求。或許有時他們很吵又很煩，但這些都是小孩子會做的事。

此外，兒童在自身導火線引爆的情況下更可能激怒他人，因為他們很累、很餓、覺得困惑、害怕、興奮、焦慮或是被其他強烈的感受淹沒。幫助孩子面對這些時刻，像是轉移注意力、安撫他們或滿足他們的需求是很合情合理的事。每一次你這麼做都是在親身示範，教他們用更有效的方式來處理情緒導火線。

但是請記住，讓他們停止踩雷不是你的責任，你的責任是一而再，再而三地注意並巧妙回應那些情緒觸發因子，同時好好處理自身地雷，讓自己不再那麼容易被惹毛。

方式來好好調整自己、掌握情緒，就越不容易被孩子弄到崩潰。

不過，人生中總有那麼一個「BUT」，地雷這種東西不管怎樣還是會有幾顆可以踩。這點你知，我知，更糟糕的是，你的孩子也知。他們對平板電腦可能都沒這麼懂。這些小傢伙一停止輕敲螢幕，就會把目標轉向你，開始鬧個沒完。一旦發生這種情況，你有兩個選擇：抓狂，或是做別的事。對，就是做別的事。

我猜你一定很好奇「做別的事」背後到底藏了什麼撇步。撇步就是保持冷靜的祕密心法——自我覺察（self-awareness），也就是注意到自己快要爆炸時，給自己一個冷卻下來的機會。「覺察力」是展現自我力量、奪回主場的好工具，能將那些應做、可做、能做卻未做的事化為可能。覺知力能幫助你意識到自己肩膀緊繃、胸口灼熱，而這就是鎮定心神、避免失控的關鍵。只要注意到自己瀕臨崩潰邊緣，就能創造出選擇的空間，讓自己後退幾步，撫平沸騰的情緒。

一察覺到自己正要進入或已經處於「完全抓狂模式」的瞬間，可以先停下來稍微冷靜一下，接著切換到其他模式。重要的是要記住：第一、注意力是一種技巧，可以透過練習來改善；第二、你隨時都能注意、暫停和改變方向（就算當下正進行激烈飆罵也一樣），而且這麼做完全不會削弱你的父母權威，讓你淪為輸家，或是害你在孩子面前看起來像個白痴。總之你擔心的事是絕對不會發生的。

你可以，也絕對做得到。我會教你該怎麼做。只要多多練習，你一定會越來越熟練。

〔步驟五〕風暴過後，要記得對自己好一點。

我是說你會越來越熟練，但沒說你會臻至完美（在這裡介紹一句新的六字真言：完美不一定好）。未來你可能還是會在某些時刻崩潰抓狂。雖然之後可以裝沒事，但我不建議這麼做。事情懸而未決不僅會讓你和孩子陷入困惑、覺得莫名其妙，也會增加你再度抓狂的機率。

但是，崩潰後你還是可以做出選擇，以不同的方式來改善心境，修復親子關係，讓自己下次再被激怒時能保持冷靜。要達到這些目標有兩種好方法，無論選用哪一種，進入狀況的速度越快，頭頂上的烏雲散得就越快。

你可以對自己展現出一點慈悲心，或是對發生的事展現好奇心，這兩種都是理想的選擇。另一個選項是拚命責怪自己，你可能會在腦袋裡把所有各式各樣自認帶小孩帶得很差勁的情況通通打勾，埋怨自己在孩子心底留下永恆的創傷，甚至開始做些沒意義又沒幫助的比較；如果你一時想不到有誰可以比，社群媒體會立刻跳出來展現絕技。更慘的是，把自己扔進羞愧漩渦會引發很多問題：感覺糟糕透頂；增加你再度抓狂的可能性，這跟你努力想達成的目標背道而馳。

善待自己不僅能幫助你從崩潰中復原，同時也是一種很棒的策略，讓你能超前部署，防止情緒失控。我們會在第五章特別聊聊慈悲心，另外在第九章深入探索慈悲心與好奇心為什麼能以高效率、高速率的方式轉變我們的心情與觀點，以及如何將這些心態整合、融入至崩潰後的恢復期。

希望你現在大概抓到一點感覺，知道這本書會如何幫助你了。或許你會想直接翻到

第八章看「不抓狂的祕訣」，跳過那些討論地雷與導火線的部分，但拜託請千萬別這樣做。

想在三天沒睡、被這個月的房租搞得心急如焚、你媽又一直奪命連環叩的情況下保持冷靜是不可能的。不過，一旦稍微釐清眼下面臨的問題，開始著手處理，你就比較有辦法在艱困的時刻控制情緒、保持鎮定。此外，只要學習如何掌握注意力，察覺到自己快要掉下抓狂懸崖，你就能及時煞車，或至少做點緩衝，讓自己不要摔得那麼痛。

最重要的是，記住，你並不孤單。保持不抓狂對每個人來說都很難，但你一定做得到。別擔心，我會幫你。

給崩潰媽媽的處方箋

- 不是只有完美的父母才是好父母。「完美」並不是成為好爸媽的必要條件。
- 你越給自己壓力、越追求完美，就越有可能失控抓狂。
- 抓狂並不是因為你天生軟弱或道德淪喪，而是一種與生俱來再正常不過的人體內建機制。
- 洞悉地雷與導火線機制，摸透抓狂的原因，就會突然覺得心裡那股煩躁易怒感平靜了不少。
- 你越能好好調整自己、掌握情緒，就越不容易被孩子弄到抓狂。

第一章

養孩子就是在考驗父母的EQ

首先，我們必須明確解釋所謂的「抓狂」到底是什麼意思。每個成年人對抓狂的看法都不太一樣，抓狂很難定義，但只要看到，你就知道了。

抓狂時的四大特徵

大多數抓狂現象都有四個共同的特徵，包含情緒性（Feelings）、自發性（Automatic）、反應性（Reactive）與毒性（Toxic），正好可以縮寫成「屁」（FART）這個字來記。雖然不是很性感，但希望能讓你時時想起：大家都會放屁，所以你並不孤單。

脾氣失控就和腸胃脹氣一樣，屬於完全正常卻又令人難堪的現象，每個人都會發生（雖然有些人試著假裝自己不會）。或許我們可以在生活中做出一些改變來減少脹氣，但並不代表從此之後永遠不會脹氣。如果能注意到自己快要爆炸，就可以及時採取行動，減輕後續所帶來的負面影響。另外，最重要的是，我會盡我所能來提醒你，親子教養問題嚴肅到不能用太嚴肅的眼光來看待。

好了不說屁話了。以下是父母抓狂的四大共同特徵：

1 充滿情緒性：非理性的綜合情緒，有時難以察覺或控制。

抓狂通常牽涉到強烈的感受，不光是憤怒或暴怒而已，幾乎所有激烈的情緒都囊括在內，例如恐懼、悲傷、困惑、無力、壓力、煩躁、焦慮、困窘、內疚和羞愧等，甚至連正面情緒都可能成為引爆點（有看過孩子笑到流淚的爸媽應該都會懂）。有時那些激烈的感受與孩子古怪又可笑的行為有關，有時則不然；有時我們會意識到自己有這些情緒，有時不會。

你要記住的是：第一、抓狂是一種情緒反應，而非理性反應；第二、我們對情感的控制力並不像我們所想的那麼強。因此我們無法逼迫自己產生特定的感受；我們能做的只有發揮注意力並察覺到內在的情緒，這樣才能選擇如何回應。

2 具有自發性：無法掌握的無意識過程，常與童年的負面記憶有關。

抓狂多半不是有意識、有目的的行為。不是說你在職場上遇到一堆爛事，衰了一整天，所以回家後心想，「唉，壓力好大，今晚乾脆放手發飆，對孩子抓狂好了。」一般來說，抓狂是一種無法掌控的無意識過程，且往往可追溯至你自身的童年經歷及父母對你失控動怒的情況。這就是為什麼你沒辦法光靠個人決定，說不抓狂就不抓狂的原因。這些情緒爆炸並不是邏輯決策後的行動，而是持續進行發展性、神經性與生物性的過程所帶來的可預期結果。

3 具有反應性的行為：讓你抓狂的原因，以及對危險的認知，決定你反應的強弱。

反應性有兩個面向。首先，反應性與我們對其他人事物所做出的言語及行為反應有關。你不會莫名其妙突然發飆，一定要有什麼事情發生我們才會抓狂。有時失控的原因非常明顯，可以直接畫條線把觸發因子和抓狂連接起來。

但有時我們完全不曉得自己為什麼會暴怒，背後的緣由可能是五分鐘前、五小時前，甚至是五年前發生的事，說不定還跟你的孩子完全無關。無論發生何事、何時發生，找出並確認自己產生的反應對象是至關重要的一步。

如果你從未意識到自己第一次流產時正值五月，就不會知道在潛意識裡五月對你來說是個難熬的月份，那你也就不曉得應該要在這段時間多多關懷並照顧自己。如果你認為臼齒痛是會奇蹟似地消失，那你就不會乖乖接受現實，去看牙醫治好它。

反應性的另一個定義，涉及到我們對真實危險或主觀感知到的危險，能否迅速做出回應的能力。人類的大腦和身體機制會保護我們免受物理威脅傷害。但目前人腦與人體尚未意識到我們當前所面臨的大多是情緒或心理壓力源，並不會危及生命安全，因此，它們依然會以迅雷不及掩耳的速度，來回應那些毋須激烈與快速反應的情境。

此外，我們的大腦並非無時無刻都能分辨出大問題與小問題之間的差異，而這也是我們之所以會在沒必要抓狂時失控的原因。

4 充滿毒性：憤怒的言語或行為，會破壞親子關係。

還記得上一次孩子突然衝到馬路上或差點摔下樓梯的情景嗎？當時你心中大概湧起陣陣強烈的感受，驅使你不由自主地做出反應，像是大喊或火速抓住孩子手臂等。就算你叫得比你想的更大聲，抓得比你想的更用力，我都不認為是抓狂，只是神經系統對潛在危險情境做出適當的回應罷了，事發那一刻並沒有毒性，而所謂「毒性」指的是對親

打罵完小孩感到懊悔時，可以這樣做

抓狂有很多種樣態，但有些形式很糟。其中羞辱和威脅所造成的傷害特別大，例如毆打、掌摑、打屁股或摔東西等，舉凡肢體攻擊或任何形式的暴力都算在內。或許這類行為深植於你的文化背景與成長經歷，或許這就是你一貫的教養方式，又或許這是你第一次這麼做，但不管怎樣，如果你出現上述任何一種情形，請即刻停止，不要再這麼做。

若是不幸發生了，首先，請不要過於自責，也不要陷入羞愧感中難以自拔。情況是很嚴重，但你越快跳脫負面漩渦，以些微的原諒和善意來對待自己，就能越快尋求協助，做出重大改變。你不是唯一會打小孩的爸媽，但並不表示打小孩這件事是正確的。我保證你可以做得更好，你只是落入困境，無法脫身而已。

請踏出第一步，和信任的人聊聊吧。對象可以是朋友、家人、醫生、小兒科醫生、治療師、諮商師、神職人員等。談話過程既不輕鬆也不有趣，但這是必要的舉措。加油！你一定做得到。

子關係過分嚴苛或造成不必要的傷害。

毒性情緒爆炸指的是不可預測且過度的反應，其中可能包含憤怒的言語、激烈的肢體動作、人身攻擊、羞辱與責備。當下感覺完全失控。一旦導火線被點燃，內心煩躁易怒，就可能引發這類有害的猛爆性抓狂，進而牽連到所有人，觸發彼此的情緒引爆點。

例如因為孩子打翻早餐穀片而對他大吼大叫；因為兒子穿鞋穿太久而對他發飆；因為女兒忘了寫作業而狂怒斥責——這些都屬於反應性爆炸，會破壞並削弱你和孩子之間的關係。

此外，經常性的壓力與緊張氣氛會擾亂大腦和神經系統，增加日後情緒引爆的機率。因此，想辦法降低抓狂的機率固然重要，但抓狂後改善親子關係同樣是不可或缺的關鍵。

總結一下：抓狂的組成因子是「屁」（FART），與強烈的情緒和感受（Feelings）有關，屬於自發性（Automatic）、反應性（Reactive）及充滿毒性（Toxic）的行為。

講到行為，無論你是如何表現都無所謂，我之所以沒有花太長篇幅細談不同的言行舉止是有原因的。每個人情緒失控的表現都不一樣，激烈程度也有所差異。因此，聚焦於共同特性會比探討個別行為來得有用。

話雖如此，大部分的人在發飆時還是會出現一些習慣行為，如掌摑、吼叫、甩門等，所以搞清楚自己的抓狂舉動超重要，因為那些行為是你唯一能掌控的東西。

希望剛才最後一句話能讓你深入思考。我先前才說你無法控制感受，抓狂也是自發性和反應性的行動，然後又說你可以在情緒爆發時掌控自己的行為。如果一切都是無意識的自動化過程，那你怎麼有辦法控制自身行為呢？

剩下的章節就是要好好探究這件事。放心，我不會說什麼你當初應該選擇冷靜而不是抓狂之類的幹話。因此，我會教你如何辨識出自己的導火線並有效回應，跟你分享冷卻地雷的方法，引導你善用注意力以察覺自己瀕臨崩潰邊緣，好在情緒失控、傷及孩子前緊急剎車，並運用上述技巧來降低抓狂的可能性。最後，我會提供一些具體的方式，讓你能在暴走後好好調整自我、恢復冷靜，以免再次陷入抓狂的囹圄。

我們已經明白了抓狂的含義，現在來聊聊不抓狂看起來是什麼樣子吧。

不想抓狂，從察覺怒氣開始

「不抓狂」到底是什麼意思？有些人覺得抓狂的相反就是無時無刻都沉著鎮定、保持冷靜，而且永遠不會和孩子發生任何形式的衝突。他們認為「不抓狂」代表快樂、耐心和活在當下，無論孩子往你筋疲力盡、累到癱軟的雙腳上砸了什麼屎事，你都會在臉上掛個大大的微笑，心裡唱著歌來回應。這種思維強烈散發出完美主義的氣息，而且顯然對我、對你或世界上任何一個爸媽都不管用。

你會產生衝突、疏離、不愉快的感受和強烈的情緒全都極為正常，實屬合理的情況，而且完全不代表你做錯了什麼。與他人緊密生活在一起並不容易，就算對方是你深愛的人也不例外；如果其中一人長期壓力爆表，另一個還是大腦不成熟的小孩，那情況就更加艱鉅，充滿挑戰。身為一個臨床社工師，比起那些承認自己家庭關係緊張的人，我更擔心那些說自己從來沒和家人吵過架的人。

你可能會被排山倒海的情緒壓垮卻仍能自制而未失控；你可能會氣得要命、怕得要命、難過得要命或困惑得要命，卻還不到有害的程度。你可以在不爆炸的情況下讓孩子知道：此刻的你，心中有非常強烈的感受。

不抓狂的重點在於擁有恰好足夠的自我覺察能力，以注意到內在心靈與外在環境發生的事，這樣你才能有意識地選擇保持鎮定、冷靜下來，或是在做出反應前閉上嘴巴，就算你不知道接下來該怎麼辦也一樣。即便你完全摸不著頭緒，不曉得該怎麼回應孩子惡劣、討厭的行為，而且尚未到達令人惱火暴走的程度，但你今天就是受不了，我保證，這時不管你想到什麼相對冷靜的點子，一定都比抓狂時所爆出來的反射性回應來得有效，也更有同理心。

爸爸媽媽，先別急著發脾氣

為什麼應該停止抓狂？答案看似不言自明，然而這些年來我和許多父母聊過，很多人真的不能理解為什麼亂發脾氣會出問題，所以我想解釋一下。

＊抓狂對你完全沒好處。

每次暴怒發飆，你的神經系統都會陷入混亂，無法正常運作，壓力荷爾蒙也會高到破表，幾乎所有身體部位都會受到負面影響。最終，長期緊張不僅會導致血壓升高、免疫系統虛弱，還會造成偏頭痛，毀掉你的睡眠。由此可知，經常性失控及相關壓力會引發慢性健康問題。

不過，這些負能量衝擊的不光是你的身體。隨著時間過去，這類暴走行為會重新設定你的大腦，而且還是不好的設定。你越常對孩子發飆，腦中的「抓狂神經元路徑」連結就會變得越強、越緊密，進而提高大腦未來抓狂的機率和速率。

此外，還會破壞你和孩子之間的良好關係。花點時間，想想上次對孩子抓狂的景象。感覺很糟對吧？失控不但嚇人，還會帶來羞愧、焦慮與孤立感。每一次情緒爆炸都會削弱你的信心，讓你開始懷疑自己是不是真的有能力成為你想成為的理想爸媽。最重要的是，抓狂傷害到你身為父母的自我感受。

＊抓狂對孩子沒好處。

這段是不是跟剛才講父母的那段差不多？其實那些衝擊在孩子身上更為顯著，因為他們的大腦和身體尚在發育中，所以特別容易受到壓力荷爾蒙的負面影響。

父母鬧脾氣會讓孩子感到焦慮、羞愧、害怕和疏離，導致他們更難學習、吸收新的資訊，也更不容易敞開心胸接受新的經歷（例如不敢吃盤子裡沒見過的食物，或第一天去新學校上學適應不良等），連帶影響到日常生活中的行為表現。這些用來回應父母抓狂、令人不快的強烈感受同樣會觸發孩子自身的導火線，讓他們更有可能以宣洩的方式來展現情緒，嚴重的話甚至會崩潰。

最後，不論你希不希望孩子學到這些言行舉止，身為父母，我們無時無刻都在做行為示範。每一次失控抓狂，都可能無意間形塑孩子的大腦及神經系統，使他們的情緒觸發因子，可能是學校和家裡的事，或是藏在他們小身體與小腦袋裡的事，在受到刺激時會出現類似的行為。

我們失控的舉止正好就是自身渴望改善的問題，你一定不希望孩子將來重蹈覆轍，複製出同樣的關係型態。你的父母若經常對你亂發脾氣，表示他們無意中教你在壓力情境下做出類似的反應。幸好，你可以打破這種代間教養模式。

＊冷靜的父母造就出冷靜的孩子。

我們的脾氣與能量起伏有助於創造家庭氛圍，為家庭關係定下基調。每一次情緒失控，家裡的氣氛就會變得更緊張，不僅讓人感到精疲力竭，還會加深家人之間的分歧，帶來滿滿負能量。相反的，爸媽越冷靜，孩子也可能會越冷靜。

我的意思並不是要你為他們的行為負起百分之百的責任，但是，只要能避免火上加油，別害孩子的負面精神狀態的火苗越燒越旺，就能為整個家帶來重大且顯著的改變。

說了這麼多，你應該有點明白抓狂的吸引力了吧。抓狂迅速又簡單，不太需要思考（承認吧，我們都有對孩子發飆而且還覺得很爽的時候），有時又效果奇佳（算是啦，大概持續幾分鐘這樣）。如果你經常發飆，把孩子嚇得屁滾尿流，他們當然可能會乖乖聽話，對你唯命是從，以免又要被你的情緒和怒火轟炸。

可是，戰戰兢兢並不等於尊重，你的孩子很快就會長大成熟，有足夠的能力掌控屬於他們自己的時間和空間，你上次對情緒變幻莫測又時常暴怒的老闆做了什麼，你的孩子也會用同樣的方式來回應你，那就是閃避，閃避，再閃避。一旦他們開始躲你、疏遠你，父母的角色就會更加難為，也沒那麼好玩了。雖說重建關係永遠不嫌晚，但你真的不需要用這種方式來挑戰自我。

信任是親子教養的基礎，對孩子來說更是格外複雜又棘手的問題。他們天生就很信任父母與照顧者，因為這些角色本該負責保護他們的安全。因此，每當父母對孩子發飆，孩子往往會責怪自己，畢竟這麼做比質疑或懷疑那些生養他們的人容易得多。隨著時間過去，孩子可能會開始容忍他人的惡行，甚至認為這些行為理所當然，並將原因歸咎於自己。

幸好，事情還是有轉圜的餘地。我們會尊重自己信任的人，也就是那些以誠實和良善來對待我們的人。一旦對那些人懷有敬意，我們就會想讓他們開心，即便派對讚到不行，還是願意遵守門禁——好啦這是謊話。你的孩子當然不想拋下那場超酷派對，但如果他們知道，自己有高達百分之九十九點九的機率，會在帶著滿身廉價啤酒味走進家門的瞬間被瘋狂砲轟，那他們就比較有可能乖乖離開，回家跟你分享他們的經歷，告訴你有個男的企圖讓他們抽大麻菸等諸如此類的事。

身教的影響重於言教，而孩子的小腦袋不見得分得出來聰明教養與情緒衝動之間的差異。每一次抓狂，我們都是在親身示範，教孩子做我們不希望他們做的事，同時形塑孩子的大腦，讓他們更容易再次出現失控行為，與培養他們的信任、訓練他們冷靜完全沾不上邊。

教養不輕鬆，沒有父母不生氣

想改變行為，就要先了解行為背後的原因。人類的大腦天生就喜歡抽絲剝繭，對好故事愛不釋手。

只可惜，不是每個故事都是好故事。我們的大腦因為急著拼湊出事情的全貌，對所有橋段來者不拒，無論是真是假、有沒有幫助，一律先相信再說。在缺乏正確資訊的情況下，我們的心智會編造出各式各樣的情節。小朋友經常就這麼做。

有一次我小女兒試著向我解釋，她之所以用力打姊姊，是因為她當時想起一個猴子丟香蕉的笑話，所以手就不由自主地伸出來假裝丟香蕉，沒想到正好甩在姊姊臉上。這個用膝蓋想也知道是瞎掰。我小女兒不曉得自己為什麼要打姊姊，可是她才八歲，不會說「媽咪，事情是這樣的，因為我大腦裡用來控制衝動的那個部分還不存在，所以我才會打姊姊」，而是直接捏造出一個理由來騙我。事實上，我們的大腦無時無刻都在用類似的謊言來餵養、哄騙我們。

幸而身為父母的我們一般不會聽信孩子那些扯到爆的故事，因為就真的很扯。但我們大多卻會相信成年人的解釋，特別是那些成年人穿著制服或名字後面掛著很厲害的頭銜；在社群媒體上非常活躍；或是剛好活在我們自己的想像裡。我們對自己編造出來的一切都很買單，以為腦中的想法就是真相，但實際上有些是真的，有些不過是內心的猴子在丟香蕉罷了。

那些我們用來說服自己、解釋自己為什麼會抓狂的故事就是非常完美的例子。我最常從朋友和案主口中聽到的理由是「我是不稱職的父母」，或「我的小孩是混蛋」等諸如此類的說法。這些原因很合邏輯，不難理解為什麼我們的大腦會想出這些解釋。好爸媽不會抓狂，所以會抓狂的爸媽不是好爸媽；如果孩子能講點道理、不要添亂，我們就不會抓狂，所以我們發飆都是他們的錯。以上聽起來很合理，對吧？

大錯特錯。就算你認為這些故事都是真的（其實不是，拜託你相信我），但這些故事對你一點幫助也沒有。

先來談談關於「我的小孩是混蛋」這個看法。孩子的行為光譜範圍很廣，從「些微惱人」到「恐怖至極」都有，像是把玩具丟出車窗外，拒絕午睡，大便在樓梯上，踩寶寶的頭，偷雜貨店裡的糖果，在教室牆壁上畫雞雞，喝酒，嗑藥，跟那個下巴有點鬍鬚的小混混傳性愛簡訊等。總之，孩子就是會做些愚蠢又討厭的事，這點在短時間內不太可能改變。正如你或許跟孩子說過的那句話：「我們只能控制自己的行為，無法控制別人的行為。」

所以，現在來聊聊為人父母的我們吧。

我們的行為荒謬程度可能和孩子差不多。我們可能曾經做出無法信守的承諾，說出根本不打算實行的威脅；我們對孩子懷著不合理的期待，只要他們的所作所為與我們的期待不符，我們就會暴怒；同樣的，我們也曾經對自己設下不切實際的標準，只要沒有達到標準，我們就會痛斥自己、責怪自己。在鬧脾氣這項技能上，許多父母的表現和孩子不相上下。

我們的行為舉止都很不合理，特別是在被激怒、地雷被踩到的時候。只要事情看似捉摸不定或深不可測，大腦就會開始騷動，因為比起混亂，大腦更喜歡可預測性，這就是為什麼有錯誤的故事總比完全沒有瞎掰來得好的原因。一旦搞不懂剛才發生什麼事，或是不曉得接下來會發生什麼事，我們就會努力利用任何可用的資訊來說明或釐清當下的情況，進而捏造出「我是糟糕的父母，所以才會教出糟糕的小孩」這個謊言。

儘管所有證據都呈現出相反的事實，這類「我混蛋，孩子混蛋，全家都混蛋」的想法依然會在你心頭盤據，遲遲無法消弭。我知道你在想什麼，應該是「噢，親愛的，要是你來我家偷偷觀察，親眼看到狀況有多瘋，你就不會這樣說了」之類的事。事實上，我身為一個在嚴重失能家庭中長大的孩子，一個經常在各種場合對孩子抓狂的母親，以及一位接觸過許多飽受癮症、暴力、虐待及忽視問題所苦的家庭，親眼見過各種心碎場景的臨床社工師，真的觀察過很多親子關係，所以我知道情況會有多嚴重。

親職是一份難度超高的工作，而且你手邊並沒有正確的資訊、資源和支持，也沒有適當休息，讓自己好好喘口氣。在缺乏這些工具的情況下執行困難的任務，往往會讓人迷失方向。我們的原廠設定就是如果一再被激怒，就會抓狂，這是很自然的事，另外我想大家應該也都同意，親職是一道人生習題，是一道不斷讓你被激怒的習題。

我每次都會跟來諮詢的父母一再地提醒，養育孩子真的難到爆，而且這麼難並不是他們的錯；他們必須開始以成人的處事態度和方法來面對艱困的處境，例如好好照顧自己、調整自己與尋求協助。他們都會笑著點點頭，然後給予「對啦，我都知道。我們可以把話題轉回來談談我兒子最近的情況嗎？還有我應該怎麼做？」之類的回應。

記住，你只是一個人類，正在努力撫養另外一個人類，而這大概是所有身為爸媽的我們做過最困難的事。不同時代的不同父母有不同的難處，養兒育女對任何人來說都不輕鬆，沒有例外。真的，我保證。我可以跟你打兩次勾勾。

父母難為，真是難為父母了！

親職角色為什麼這麼有挑戰性？有些原因屬於普世價值，不受時代更迭影響；有些則是當今這個世代特有的現象，與你和你的家人息息相關。想要熟練駕馭父母角色、用聰明的技巧來處理親子教養問題，了解「父母難為」的原因是非常重要的第一步。

＊人生本來就不簡單，而身為父母就是其中一個困難任務。

當前社會存在著一種「迷戀快樂」的文化現象，這種現象造就出虛假的幻覺，認為人生理當輕鬆自在，我們大多時候、甚至無時無刻都應該要保持愉悅，充滿正能量；而精心設計又經刻意美化的社群媒體更進一步渲染及延續這種狗屁觀念，堆疊出各種假象，彷彿社會上有許多人一切順心遂意，不費吹灰之力能完美掌控人生。

其實生活很苦，人生很難。當然我們可以做點什麼讓人生變得輕鬆一點，幸運的話，或許還能度過幾天甚至幾年美好的時光，這沒什麼大不了。當父母也是一樣。若生活與教養不知怎的感覺起來格外艱困，有時並不是因為你做錯了什麼，而是因為困境是每個人的必經之路，就連那些在Instagram上看起來過得很精彩、很幸福的人也不例外。

＊你的生活境況可能會讓教養變得更難。

撫育兒女有時是件很殘酷的事，就算對身心健康，擁有伴侶和家人支持，且不必擔心下個月該怎麼付帳單的人來說也一樣。但是，有些際遇會讓教養孩子變得更加艱難，例如單親爸媽、失業、工作狀況不穩定、經濟拮据、無家可歸、有癮症或暴力傾向、痛失所愛、必須照顧年邁的親人、身體或精神狀況不佳、撫養有特殊需求的孩子，或是和親朋好友起衝突，關係緊張等。

以上有些問題會隨著時間淡去，有些則會不斷影響生活或可預見的未來，造成更多壓力，但凡此種種都會觸發我們的情緒。一旦情緒導火線引燃，我們就很容易抓狂，甚至崩潰。

＊你的童年經歷可能會讓教養變得更難。

假如你是在充滿癮症、暴力、失喪、虐待或各種忽略的家庭中長大，這些過往經歷都會影響到你的教養方式，而且應該不會是太好的影響。導致這種情況的原因有很多，包含：

1 你可能罹患創傷後壓力症候群、焦慮症、憂鬱症、癮症或慢性病，這些疾病會干擾你的親職能力，讓你無法依照自己期待的方式來教養孩子。

2 若你還不太了解自己的童年經歷及其對成年生活所帶來的衝擊，那麼兒時所知的家庭運作模式，和父母行為可能會對你產生潛移默化的影響。其他人很少注意到的小地方似乎都會觸發你的情緒，導致你突然失控大吼，就連你自己也不曉得為什麼。

3 你的原生家庭是持續不斷的壓力源，這點可說是雙重打擊，因為這也意味著你的父母和其他家庭成員無法提供有用的支持與協助。

4 你沒有可參考的榜樣，不知道自己想成為什麼樣的父母。這種情況有點像在沒有藍圖的情況下蓋房子，最後你可能會蓋出一間非常奇怪又不舒服的房子，一間你住起來不太自在，也永遠摸不透格局的房子。

即便你沒有童年創傷，但親子互動不足的經驗或完全不想複製父母的教養方式，仍會讓你更難參透自己究竟想成為什麼樣的爸媽。不曉得該怎麼做會增加你的壓力，因而導致親子教養變得更加艱鉅。

＊有些小孩就是比較難帶。

有些嬰兒可以一覺到天亮；有些孩子自己就能學會走路說話，其他小孩還在疊積木的時候，他已經摸透了幾何玩具；有些孩子比較冷靜，比較隨和；有些孩子喜歡跟著規矩走；有些孩子就是比其他人更淡定。與此同時，有些孩子飽受失眠、慢性疾病或學習障礙所苦；有些孩子時常分心；有些孩子會在情緒激動時於公共場合亂吼亂叫；有些孩子需要接受多年的輔導和治療，有些則打從出生就神經緊張，容易受到驚嚇。

撇除性格和脾氣不談，有些小孩就是跟他們的父母很合。無論是早起的鳥兒或夜貓子，吵鬧或文靜，喜歡冒險或愛宅在家裡，這些孩子的作風都跟家人非常合拍，有些孩子則不然。大家都不想承認這個殘酷的真相，但說真的，有些小孩就是比較難帶。

＊大部分父母都很不會照顧自己、關懷自己。

其實當父母就像跑馬拉松一樣。那些真正跑過馬拉松的人都知道，以下情況會影響到你的表現，讓你無法發揮最佳實力：學校護理師打來的電話不停打斷你的跑步訓練；你的碳水化合物能量儲備方式包含吸進孩子乳酪通心粉的殘餘氣味；你大概有快十年沒好好睡一覺了。那些知道自己無法好好鍛鍊身體、準備比賽的跑者會降低對自己的期待，並在表現不如預期時對自己寬容一點。

可是大部分父母不會這麼做。無論是整天在家、必須出外工作，抑或兩者混合，你每天都在跑馬拉松，花了多少時間照顧孩子，就要花多少時間休養生息，但你有做到嗎？每天有睡滿八小時嗎？有常常活動身體、舒展筋骨嗎？你上一次讓自己放假一天、一個早上或一個小時偷閒，看看書、散散步或做些好玩的事是什麼時候？（強調一下，一天結束後累倒在沙發上像行屍走肉一樣放空，大腿上放著平板電腦，電視上開著Netflix的這種不算）即便你說上週有個幸運的午後，天時地利人和，你的孩子全都跟朋友約出去玩，我敢打賭，這種事肯定不是常態。太多父母整天怒氣沖沖、累得要命、壓力爆表、咖啡因攝取過量、隨便亂吃，卻仍用高標準來要求自己，只要不符期待，就會拚命自責，怪自己「不是好爸媽」。

＊長期疲憊讓教養變得更難。

睡眠非常非常重要，所以我要特別提出來說明。絕大多數與我一起共事的父母都有疲勞的現象。疲倦不僅會讓你思緒混沌，無法解決最最基本的問題，還會分散你的注意力，讓你無法處理內在情緒，做出好的選擇，進而影響到身體健康。

基本上，長期缺乏睡眠會讓我們展現出最差勁的一面，變得暴躁、易怒又惹人厭。你不能光靠想法、作為或意志力來戰勝疲勞，因為當你熬夜整晚照顧生病的孩子，大腦中負責掌管那些成熟行為的區塊會第一個停止運轉。真是遭透了。

＊大多數人都是在缺乏足夠支持，或沒有獲得正確支持的情況下養兒育女。

最近我和幾位加拿大友人一起吃飯，其中一個懷孕的朋友說她老闆主動提出有薪育嬰假，讓她可以生完孩子一年後再回去上班。一年耶！我聽到的時候下巴都掉到地上了。接著她開始隨口說出「政府托育照顧計畫」和「健康保險」之類的詞，害我差點噎到。現行的美國體系對我們的生活造成非常大的影響；每天托兒所和辦公室兩頭跑的苦差事，無止盡地瀕臨時間與金錢耗盡的邊緣，這些都讓人筋疲力盡、備感壓力。

除了國家中央系統層面外，地方層面同樣也有欠缺支持的問題。遷至他處就學或就業的人不只是離開家鄉，也離開了家人。雖然有時這是好事，卻也代表我們失去了從前曾經指引、教導我們如何養育孩子的社群。沒錯，這些人或許提出了一些非常經典的爛建議（把柳橙汁倒進奶瓶裡！打他們屁股！繫什麼安全帶，孩子也需要身體自由啊！），但至少這些建議全都來自「喔，大家都這麼做」的工具包。這樣如果做出糟糕的教養選擇，至少也是大家一起糟，光是知道這點就讓人覺得很安慰。

多虧了網路的力量，地方社區的風俗習慣已經被全球社群永無止盡的意見洪流所取代。這些資訊不但沒有用事實來撫慰我們，告訴我們「親職路上大家都跌跌撞撞，你我並不孤單」，反而不斷提醒我們是世界上唯一沒把事情做對的人。依附教養型的父母跟孩子比較親密；法國媽媽比較會餵小孩；斯堪地那維亞的孩子比較快樂；亞洲小孩比較聰明勤奮。我呢？我正努力想辦法讓我女兒別再挖鼻孔、把鼻屎抹在牆上。

*社群媒體和智慧型手機讓教養變得更難。

我就和其他智慧型手機成癮、瘋狂發文、熱愛比較的父母一樣喜歡使用社群媒體，但那些不斷更新的動態消息往往讓人生變得更難。無論是糖霜精緻、堪稱完美的生日杯子蛋糕，還是六歲孩子首次舉辦鋼琴獨奏會的影片，都會讓我們開始懷疑自己的教養能力和選擇，而這點正是大多數父母主要的情緒導火線。

然而問題不只是不停比較而已。每次打開臉書或推特，就等於冒著接收負面消息的風險，舉凡政治新聞、本地資訊或發生在高中同學身上的悲劇都可能令人心生憂慮、難受不堪。在電視新聞二十四小時反覆播放的時代中長大的人根本不會意識到這種情況有多瘋狂。整天被世界各角落所發生的駭人消息轟炸極容易引發焦慮，不過我們卻很少察覺到這一點。

舉例來說：通常我的手機只會在有人來電和傳簡訊給我時，才會亮燈或發出提示音。有一天我剛好要重置手機，結果重新開機時忘了關掉通知。我在做晚餐時，櫃子上的手機突然拚命震動，螢幕不停發出閃光，上面跳出來的頭條新聞只說總統宣布進入緊急狀態，然後就沒了。我嚇壞了。一定發生了什麼可怕的事。是地震嗎？還是外來侵略？侵略者是誰？變體人嗎？到底什麼是變體人啊？[1]

這條新聞讓我花了好幾分鐘（我就在這焦躁的幾分鐘內對女兒大抓狂）才冷靜下來，搞清楚究竟發生了什麼事。我深呼吸，再次查看手機。原來總統是因為鴉片類藥物濫用危機才宣布進入公衛緊急狀態。喔，嗯，了解。對，毒癮這個問題是很嚴重，但短時間內應該不會讓我有必要牽著女兒匆匆忙忙躲進地下室。我又深呼吸了幾次，對孩子們道歉，然後立刻關閉所有通知。

＊來自過多專家的超量資訊讓教養變得更難。

這種話從一個寫了三本親子教養書的親子專家口中說出來，似乎有點荒唐，不過請先聽我講完。

1 *Invasion of Body Snatchers*，中文片名為「變體人」或「天外魔花」，為一九五六年出品的美國電影，描寫洛杉磯郊區小鎮遭到外星人入侵，這些外星人會利用神祕的植物來控制人類，霸占其軀體與靈魂，使人變成沒有感情，沒有知覺，只有理性的行屍走肉。本片後來曾多次翻拍，被視為科幻電影中的經典。

坊間有許多極佳的建議能讓教養變得更輕鬆，但這些資訊一旦過了臨界點就會變得毫無助益，令人無所適從，做法多變又反覆無常不過是其中一個原因而已。一歲前不能吃花生醬！一歲前盡量吃花生醬！不要讓孩子使用電子產品！用一下下沒關係！千萬不要用那麼久！

此外，那些建議會創造出一種幻覺，讓我們以為自己能在親職這條路上過關斬將，解決所有教養問題；然而，有些常見的困擾就是無解，有些問題純粹是不完美人類的不完美生活中的一部分，我們只能盡力應付過去，最好還能充分擁有慈悲心與好友的協助，那位好友不但會做點心給你吃，還會在一切感覺分崩離析時逗你笑。可是我們很少聽到、甚至難以接受這種觀點。

身為父母的我們受到太多資訊影響，相信確保孩子的幸福快樂是我們的責任，因此，不管什麼建議都照單全收。如果不見成效，我們就會認為自己是失敗的父母，不會意識到讓我們失望的其實不是自己，而是那些建議。

我剛才已經把你丟進絕望的深淵，讓你看看當父母有多難，現在該把你拉上來，拍拍身上的灰塵，重新振作精神啦。記住，你不是糟糕的父母，你的孩子也不是糟糕的孩子。人生很難，教養亦然。抓狂不是你的錯，但盡你所能降低失控的機率、盡量保持冷靜，絕對是你的責任。

教養EQ，由大腦決定

「父母難為」這個概念乍看之下好像只是另一個沒幫助的故事。畢竟，如果父母真的這麼難當，那幹嘛還要討論？有意義嗎？有。意義在於，理解所面對的挑戰本質是通往改變的第一步，下一步則是要了解為什麼我們遇到困難就會抓狂，而這一切都和大腦與神經系統有關。

人類的大腦令人萬分敬畏、驚嘆不已，這點毋庸置疑。但大腦也可能會帶來嚴重的影響，引致我們偏離正軌，迷失方向。我猜應該沒有人給你使用說明書，告訴你大腦的發育過程與運作模式、照顧大腦的方法，以及沒好好照顧的確切後果是什麼。我要幫大腦辯解一下，它們自己目前也還不知道答案。現在我們就要來好好探索一下腦科學的世界，看看抓狂時到底發生了什麼事。

你必須先了解一下神經系統相關知識。神經系統包含大腦、脊髓和遍布全身的神經。大腦是由多個不同的腦區所組成，這些腦區負責掌管各式各樣的功能運作，而且每個名稱都扯到不行，這些名稱你也不需要記。大腦裡有幾個區域和抓狂有關，我們會把重點放在其中兩區，深入討論。

首先，是你的前額葉皮質（prefrontal cortex, PFC）。前額葉皮質位於額頭正後方，負責掌管成熟的大人行為，能幫助你預先計畫、作出決策、進行邏輯和創意思考、處理情緒，並在你抓狂時讓你冷靜下來。

關於前額葉皮質有兩點須知：第一、如果運作時間太長、強度太高，前額葉皮質就會趨於疲乏，這也是有時結束漫長的一天後，會想不出來晚餐要煮什麼的原因。第二、特定的練習（通常和自我照顧有關）有助於提升前額葉皮質的執行效率和效能，好讓你能順利熬過一天，不會陷入崩潰。

另一個關於前額葉皮質的趣味小傳聞是：你的孩子尚未發展出這個區塊。最新的觀點指出，前額葉皮質一直到二十歲初期才會完全成熟，因此有些大學生還是會沒來由地玩火亂燒東西。話雖如此，別擔心，還是有一線希望。我們越（保持）冷靜，孩子也會越冷靜。基本上，孩子的前額葉皮質算是由我們的前額葉皮質幫忙代班，替其運作。

什麼？我的小孩沒有前額葉皮質？如果真的是這樣，究竟哪個大腦區塊是罪魁禍首，讓他們瘋瘋癲癲亂搞一通？好問題！簡單來說，答案就是他們的邊緣系統（limbic system）。你也有邊緣系統。這個系統座落於腦中央，由杏仁核（amygdala）、海馬迴（hippocampus）、下視丘（hypothalamus）及所有負責傳遞上述組織訊號的神經路徑所組成。

邊緣系統具備幾項不同的功能，你可以把它想像成內在小孩，負責掌管強烈的感受，觸發戰鬥、逃跑、僵止或抓狂反應。一旦前額葉皮質因為疲倦、強烈的感受、真實或感知到的危險、無所適從或地雷被踩到等原因而離線，邊緣系統就會接手，開始支配一切。因此，邊緣系統在抓狂相關情境中扮演著極為重要的角色。

雖然大家都有前額葉皮質和邊緣系統，其本質特性卻因人而異。出於各式各樣的原因，有些人的前額葉皮質或邊緣系統可能比較大、比較小、比較活躍、比較不活躍。大腦的結構與功能發育情況會受到許多不同的因素影響，包含基因、性別、疾病、人生經歷、教育、創傷事件及其他科學家還沒搞清楚的東西。

幸好，現況並不是終點。大腦終其一生都會不斷改變、持續成長。許多新手爸媽在育嬰頭三年就瘋狂追求大腦發育的新高度——要是沒有讓小蘇西在上幼稚園前聽足夠的莫札特寶寶音樂、吃足夠的羽衣甘藍，就會毀了她的人生！這種說法對世界上每一個超過三歲的人來說都毫無幫助，而且完全不是真的，所以就別管了。事實的真相是，嬰幼兒的大腦非常活躍，而且只要人還活著，大腦就會以有益和無益的方式不斷學習和發展。

除此之外，大腦的主功能並非無時無刻高效運作，而是要維繫我們的生命，以及執行計畫、記憶、擔憂、預期、想像、幻想、思考和反應等活動，且這些活動的目的大多也是為了維繫生命。有時這類大腦活動有其助益，有時不然；有時我們的思維、想法和反應既正確又有用，有時卻會引導我們走上錯誤的方向。我們不能指望大腦像思慮周全的父母或治療師一樣給予我們指引；這並不是大腦演化的目的。

演化或許沒有讓我們的大腦變得絕頂聰明，無時無刻超有智慧，但確實促使它們發展出一套機制，讓我們得以持續呼吸和活動，而這一切都要感謝神經系統。我們全身上下都有神經，每次只要感知到什麼，神經都會把訊息回傳給大腦。同樣的，你的思維與感受並不存在於真空狀態，而是會將訊息傳遍整個神經系統，送進體內。你的想法和感覺會影響、改變身體的功能與感覺。這種活動從不間斷，而且往往是在個體毫無覺察的情況下發生，速度之快遠超乎你的想像。

大腦（也就是神經系統）無法自給自足，需要睡眠、營養、運動、刺激、娛樂和停機休息才能正常運轉，就跟那些曾經超受歡迎的電子寵物一樣，只要你好好照顧，它就會在該有反應時發出嗶聲、顯示微笑，大多時候也都表現良好。如果沒有好好關心、照料大腦，教養之類的事就會變得難上加難，你也會更容易抓狂失控。

最後一點：雖然大腦不是肌肉組織，但把它假想成肌肉會很有幫助。多多使用特定部位會讓該部位變得更發達、更強壯，同時提升其反應力，下次有需要時，這些部位就會即刻上線，順利運轉。你有沒有看過孩子第一次踢足球？他們的腳幾乎跟不上球的速度和方向。但是，只要經過足夠的練習，他們就能不假思索地一邊盤球，一邊奔過球場。

反之亦然。活化的頻率越低，大腦區塊就會變得越弱、越僵硬。這就是為什麼年紀比較大的人學習樂器或語言會比較困難的原因；因為所需的神經元路徑已經嚴重生鏽，無法快速輕鬆地建立這些新的連結，但不表示做不到，只是難度較高。

此外，或許你有想練得更強壯的靈活「肌肉」和根本不希望它存在的弩腳「肌肉」，可是大腦並不會將這兩者區分開來。基本上，無論你在練習什麼，不管是冥想還是崩潰，你都會越來越上手。我練習大吼大叫好多年了，不騙你，我真的是箇中高手。

幸好，現在我改練別的，只要注意到自己快要抓狂，我就會選擇閉嘴、深呼吸，現在我冷靜的功力日趨進步。隨著時間過去，執行上也變得越來越簡單，越來越容易。

神經系統是遍布全身的地雷按鈕

讀到這裡，你可能在想這些跟你和你的脾氣有什麼關係？事實上，一切都和「戰或逃」的反應有關，不過我比較喜歡用「戰鬥」、「逃跑」、「僵止」或「抓狂」四種行為來解釋。

部分神經系統（無論是有意識或無意識、準確或不準確）一旦感覺到有什麼大事或潛在的壞事正在發生／可能發生，就會立刻向邊緣系統發出警告，邊緣系統則會進一步刺激交感神經系統。這時，你的身體會被大量壓力荷爾蒙淹沒，觸發一系列反應。心臟撲通撲通地狂跳，血壓飆升，呼吸越發困難、越發急促，肌肉緊繃，瞳孔擴張，甚至開始發抖或顫抖。這種情況有時會在轉瞬間發生，而且非常微妙、難以察覺，你可能不會注意到也說不定。

這些並不是隨機反應，而是為了確保你的安全所演化出來的機制，能讓你準備好大戰一場、僵在原地或溜之大吉。如果你因為被困家裡照顧新生兒或蹣跚學步的小朋友，沒辦法做出上述行動，那這些壓力和能量可能就會轉向情緒爆炸，讓你變成暴走父母。

與此同時，交感神經系統也會關閉體內「不必要」的系統，以將能量移轉到最需要的地方。不幸的是，那些所謂不必要的系統包含前額葉皮質，也就是大腦中負責掌管成熟大人行為的部分。由於我們的大腦仍持續發展，因此這種情況完全合理。如果有隻毛茸茸的猛瑪象迎面衝過來，你需要的不是停下腳步做些不切實際的事，而是立刻逃跑，這是你不需要前額葉皮質的幫忙就能做出的反應。

很多人以為我們只有在被熊追著跑或汽車直衝過來時才會出現戰鬥、逃跑、僵止或抓狂的反應。然而事實上，神經系統幾乎對所有事物都會迅速回應，無論是看到遊樂場裡的孩子爬得太高，還是瞥見人行道上看起來像蛇的跳繩，都會觸發神經系統反應。所有曾經及時抓住孩子小手遠離火爐的父母都是過來人，一切可能會在短短幾秒鐘之內發生。

這些令人驚嘆的演化結果只有一個原因。我們的生存系統之所以演化，是為了應付如前述毛茸茸猛瑪象之類的物理威脅，所以我們的反應幾乎全都是身體反應。然而時代變了，我們現在所面臨的多半是心理威脅，例如沒禮貌的同事、愛打擾的親戚，或是深夜收到孩子老師寄來的關切電子郵件，導致恐慌症發作等等。可惜的是，目前我們的大腦、神經及介於兩者之間的一切還沒有完全搞懂這件事，這就是為什麼我們依然會對不具物理威脅的情境做出身體反應的原因。水能載舟，亦能覆舟，這種自動反應機制能保護我們的人身安全，也能導致我們在沒必要抓狂的時候抓狂。

與沒有孩子的人相比，父母的大腦比較能感應到潛在的危險。從演化的角度來說，這點很有道理。疑神疑鬼、警覺性高的穴居人爸媽可能比較容易察覺到危險，並對那些威脅到後代的事物做出回應，讓孩子更有可能生存與繁衍，所以這些得以保命的神經系統功能與設定才會流傳下來。至於輕鬆淡定的穴居人爸媽可能忙著在牆上雕刻幸福的臉孔，完全沒注意到四處遊蕩的孩子直朝著守候多時、嘴巴大張的劍齒虎走去，因而扼殺了淡定的基因。

正如先前所提到的，我希望你能把神經系統想像成一大堆遍布全身的地雷按鈕。當我們心神鎮定，飲食均衡，充分休息，適量攝取咖啡因，這些地雷就會縮小、變暗，敏感度也會降低，就比較不容易被踩到，但這並不表示它們完全防踩。所有出過車禍，或是深夜被煙霧警報器和小孩驚醒的人都知道，我們的神經系統可以在短短幾秒鐘內從極度冷靜轉為極度瘋狂。然而大多時候情況並不是這樣。

通常我們會隨著時間推移，不斷遇上比較小的情緒導火線，地雷也會慢慢脹大，變得更亮、更敏感，更容易被孩子踩中。我們的基準線逐漸上移，容忍度越來越低，導致我們更加接近抓狂邊緣。隨著導火線一根一根引燃，邊緣系統也逐漸發揮影響力，準備讓我們進入反應模式，直到我們抵達臨界點（可能是一個亂丟的玩具或一句自以為聰明的評論），墜入崩潰的深淵。一旦邊緣系統掌控全局，前額葉皮質顯示離線，我們就抓狂了。

幸好，反之亦然。只要睡眠充足，適當運動，舒展筋骨，自在呼吸，與朋友共度愉快的時光，玩填字遊戲，看看書，用最基本的方式好好照顧自己，就能讓地雷冷卻下來。這種做法不僅能啟動副交感神經系統（負責放鬆與連結的區域），強化前額葉皮質，還能降低總體基準線，讓我們逐漸步向心神淡定的境界。基本上，我們是在當前狀態與情緒失控之間創造出更多空間。不過，如果沒有好好照顧自己，地雷就不會真正斷電。對於不斷面對混亂或擁有長期慢性壓力源的人來說，要讓體內的系統持續降溫或許比較有難度，但絕非不可能的任務。

我們在本章談了很多概念，來個簡短的回顧吧。

每個父母都會對孩子抓狂，而且大多數崩潰現象都有幾個共同特徵。抓狂與強烈的情緒和感受有關，屬於自發性、反應性及充滿毒性的行為。負面情緒無可避免，因為養兒育女非常困難，若沒有正確的資訊和資源，缺乏適當的休息和支持，就會難上加難。教養與生活中的挑戰可能會以不可思議的方式觸發我們的情緒，讓地雷（也就是神經系統）變得更大、更明亮，更容易被孩子踩中。每個人都會被激怒；這並不是什麼個人缺陷或道德上的失敗，只不過是身而為人的一部分罷了。

接下來的章節都跟專業的親子教養有關。我不僅會幫助你了解自己的情緒導火線，還會教你如何盡可能掌握這些導火線，以及在失控時好好照顧自己的方法。此外，我們還會進一步探索，看看當你已經盡己所能卻仍在崩潰邊緣，或是已經跌落懸崖，不曉得該如何讓自己重新振作、恢復冷靜時該怎麼做。

不過首先，先來談談我的故事吧。

給崩潰媽媽的處方箋

- 抓狂是一種情緒反應，而非理性反應。
- 抓狂有很多種樣態，其中羞辱和威脅所造成的傷害特別糟，例如毆打、掌摑、打屁股或丟東西等，舉凡肢體攻擊或任何形式的暴力都是一樣。
- 搞清楚自己的抓狂舉動超重要，因為那些行為是你唯一能掌控的東西。
- 爸媽越冷靜，孩子也可能越冷靜。
- 不同時代的不同父母有不同的難處，養兒育女對任何人來說都不輕鬆。
- 神經系統就像是一大堆遍布全身的地雷按鈕。當我們心神鎮定，飲食均衡，充分休息，適量攝取咖啡因，這些地雷就會縮小、變暗，敏感度也會降低，就比較不容易被踩到。
- 不抓狂是我們找到了解決衝突及表達負面情緒的好方法。

第二章

那些年，我的（反覆）抓狂與不抓狂人生

你不是唯一一個會對孩子感到憤怒、沮喪或失望的人，也不是唯一一個對孩子發飆或情緒爆炸，且失控到連自己都大感驚訝的人，每當你感到不知所措、充滿壓力，請記住，大家也都是非常不完美的父母，我們一起努力吧。

然而，我必須說，我並不是獨自一人面對這一切。要是沒有我的先生、朋友、家人、治療師與醫師的支持，我一定會一團糟。但是，跟信任的人聊越多次，事情就變得越簡單，或許你可以找真正的好友，讓他們幫助你。

重新振作的過程不是很吸引人。沒有神奇的小藥丸，也沒有靜謐的水療度假村，更沒有一夜之間翻轉人生的大改造。我不只體重增加，甚至最後還接受心理諮商與藥物治療。這個過程非常耗時，而且困難重重，但我還是順利找到了出口，所以你一定也可以做得到。

即便是現在，這個過程仍持續進行中。我還是會覺得壓力很大、焦慮不安，有時也會情緒失控；一旦發生這種情況，就表示我此刻必須以自己為優先，做好需要做的事，這樣才不容易抓狂。

對我來說，需要做的事包含冥想，攝取咖啡因，每天晚上十點前上床睡覺，每天運動，通常是在附近散步或在房間裡跟著影片一起做瑜伽，旁邊還有一隻黏人的貓干擾我做下犬式。然而我越堅持自己的步調、好好照顧自己，育兒與生活就會變得越輕鬆、越有趣。

媽媽總是愛生氣？——讓我崩潰失控的原因

我在序言中有提到自己初次嘗試振作、恢復冷靜的那個夜晚。當時我女兒都還很小，大概只有兩歲和三歲，所以那個晚上真的很難熬。她們完全不聽我的話，我在灰心挫敗之餘對她們大發飆；她們開始哇哇大哭，讓我覺得自己很差勁；然後她們又不聽話，我又再度大吼，她們哭得更兇。

好啦，你知道接下來的劇情走向了。最後我宣告投降，讓她們看卡通。打開電視這個行為除了加深我心中的羞愧外毫無用處，因為我擔心自己是在獎勵她們的不良行為

（雖然現在回想起來，她們的不良行為就和其他常見的舉止一樣，都是在回應我的不良行為）；看電視可能會炸毀她們小小的腦細胞，她們本來應該要用樂高積木蓋高塔才對。我努力為自己找理由：與其被我沒完沒了的大吼和壓力轟炸，不如看電視比較好，就算沒有比較好，我也不知道該怎麼辦。

我把她們抱到沙發上，蓋上柔軟的毯子，擺上她們心愛的小玩具，然後在電腦前坐下，用Google搜尋「如何停止對孩子大吼大叫」，接著列出一張清單，記下「除了大吼大叫外該做的事」。我準備好要改變了。

然而不到短短一、兩天，我再度抓狂。可是這一次，心裡的負擔更沉重，因為我對自己的脾氣和無法堅持計畫感到愧疚。我最多只能一天不大吼大叫，其他父母究竟是怎麼參透保持鎮定和快樂的祕訣？（他們沒有參透喔）我到底出了什麼問題？（完全沒有。這並不是道德上的失敗）為什麼我無法在困難的時刻保持冷靜，多點耐心，好好和孩子溝通？（因為我還沒獲得正確的資訊及適當的支持）就算做不到，為什麼我不能乾脆閉上該死的嘴，不要大吼大叫呢？（因為即便是這種小事也需要很多努力，說來容易做來難）。

當時我還不了解，看得不夠透徹，然而現在我知道，脾氣暴躁、不耐煩、沮喪和大吼大叫都不是最主要的問題。應該說，雖然這些都是問題，但更重要的是，它們是一種症候群，是我的大腦和身體在不斷被激怒的情況下所產生的反應。

回首過去，我可以辨識出四個主要的情緒觸發因子，也就是我的四大導火線。

1 成為人母的忙亂與忽視童年情感。

在女兒出生幾小時後，我打電話跟我爺爺報告這個好消息。「嗯，」他用沙啞的聲音說。「這是一場危機，但你會熬過去的。」我太不確定該對這些話做何反應，所以就當是一個脾氣古怪的老頭在胡扯，隨便敷衍過去。現在我終於意識到，他是唯一一個講真話的人。

每天照顧嬰幼兒不但是累人的苦差事，更是一場危機，對包含我在內的大多數人來說都是殘酷的改變，必須努力適應和調整。小孩子很麻煩，有很多需要，言行舉止又變幻莫測，而我卻完全沒有心理準備。

成為媽媽這件事徹底打亂了我的生活，嚴重影響到我的學業、職涯規劃和人際關係。我知道當媽媽充滿挑戰，卻沒料到這個角色會顛覆一切，好像回到剛上大學的那段日子，努力認識新朋友，搞清楚自己未來想做什麼。差別只在於現在我應該當個成熟的大人。

讓事情更加複雜的是，我的童年生活非常混亂。歷經雙親離婚、藥物濫用、精神疾病、大量尖叫及父母長時間分居都是我童年的一部分。儘管我自己也成了媽媽，回歸親子關係還是以各種方式觸發了我的情緒，而且大多是在我完全沒察覺到的情況下發生。我只知道自己非常激動，卻不知道為什麼會這樣。

2 擔心孩子受傷的過度焦慮與莫名恐慌。

二〇〇八年十月下旬，我帶著一個健康的寶寶和一大箱沉重的產後焦慮回家，卻完全沒意識到「焦慮」這件事。我老是驚慌失措，後來甚至開始用屁股移動，一階一階坐著下家裡的硬木樓梯，因為我擔心會抱著女兒滑倒，一起摔下樓。

我特別記得有天晚上，我悄悄到嬰兒房確認她是不是還在呼吸。當時她大概六個月大。自她出生以來，我每天睡前都會這麼做，那天也不例外。我走進房間，看見她的小胸口以緩慢、穩定的節奏起伏，與其他夜晚無異。我躡手躡腳地走出去，關上門，準備上床睡覺。幾乎就在同一瞬間，我腦中突然浮現出女兒停止呼吸，我不得不打電話叫救護車的畫面。急救人員會從前門衝進來，然後被狹小玄關樓梯上堆積的鞋子和冬衣絆倒，無法及時趕到寶寶身邊——這全都是因為我沒有好好把家裡打掃乾淨。

當晚我在床上躺了好幾個小時，無法入睡，說服自己應該要起來整理一下，同時又擔心這麼做會吵醒我先生，他已經累壞了。而且我知道我的女兒沒事，短時間內不會有救護車開上我們家的車道。即便如此，可怕的想法仍在我心頭盤旋，那種恐怖、嚇人的可能性——或許在我深夜陷入瘋狂的某個時間點，我女兒真的停止呼吸了，我應該去看看她才對。可是起床就等於承認自己的思緒和感受已經失控了。我試著說服自己沒事。我雖然躺在那裡，腦中卻拚命想像好幾個身材魁梧、穿著藍色制服的急救人員在衝上樓拯救一動也不動的寶寶時被雪靴、運動鞋和小小的粉紅色莫卡辛鞋絆倒，感覺好像真有那麼一回事。

那天晚上，我失眠了，但那不是我唯一一次失眠。我的腦海裡充斥著各種可怕的畫面，不停擔心所有可能會發生在我女兒身上的壞事。

3 大病小痛不斷的醫療危機。

當媽媽的頭幾年，我的家人面臨了各種醫療問題，包含骨折、燒傷、需要做耳管手術的慢性耳部感染、似乎永無止盡的哮吼症狀（病毒感染導致喉嚨腫脹、咳嗽，嚴重的話還可能呼吸困難），還有一位親近的家庭成員因藥物反應不良住進了加護病房。

喔，還記得我因為害怕跌倒用屁股下樓梯嗎？對，就是那個。我女兒六歲時不小心從樓梯上摔下來，撞到樓梯底，結果手臂骨折。我不太確定這件事是在學校因為她氣喘發作打電話叫救護車之前還是之後發生的。

經過這些波折，我只想好好記住自己有多幸運，幸好大多數傷害和症狀相對輕微，而且也還有健康保險，得以接受高品質的醫療照護。但我並沒有停下腳步思考這些是如何觸發我的情緒。我的焦慮越演越烈，也越來越擔心女兒的健康和安全。隨著時間流逝，長期過度警惕讓我心神疲憊、神經緊張，成為抓狂高風險群。

4 永無止境的疲憊。

從知識的角度來看，我知道睡眠剝奪會嚴重影響身體功能運作。我於社工師生涯初期進入精神病房服務，親眼見證了睡眠在撫平混沌思緒和爆炸性情緒上扮演著至關重要的角色。我只是沒有聯想到自己的處境。我把「疲憊」像驕傲的徽章一樣戴在身上，沒有坦誠面對疲勞嚴重影響我的日常表現。

然而有些並不是我個人的原因。我每天都在咖啡因和甜食的幫助下苦撐，最終陷入無止境的輪迴。過去五年來，我的體重直線上升，還被診斷出患有睡眠呼吸中止症。這種疾病日益普遍，主要徵狀是患者會在夜間暫時停止呼吸。睡眠中斷發生得太快，令人難以察覺，所以我完全沒意識到這件事。這些症狀嚴重干擾我的睡眠，我以為自己好好休息了一個晚上，起床後卻往往精神渙散，疲憊不堪。

現在我知道自己的情緒導火線（成為人母、焦慮、醫療危機和疲憊）聯合起來密謀壓垮我的身心靈。可是當時的我累到爆炸，無所適從，沒辦法好好看待、了解自己的處境，反倒認為這是個人決心和意志力的問題。我開始沉迷於自救自助的心理勵志書籍，瘋狂搜尋親子教養建議，希望能防堵或修正可能出現的錯誤。我沒有放鬆警戒、卸下心防，事實上我變成了一個會講話的鮮紅色行動地雷，就看誰會踩到而已。但不幸的是，我除了睡覺外，大多時候都和兩個小小踩雷高手在一起。

我一直在思考、計畫和想像可能發生的事。乳酪通心粉要連續吃幾個晚上才叫太多？我什麼時候該阻止她們吸吮拇指？嬰兒會有色盲嗎？我該多放點古典樂給她們聽嗎？要餵什麼牌子的益生菌？我該擔心她們可能反著寫字嗎？最後我甚至還擔心要擔心什麼事，那可是進階版焦慮呢！

我現在意識到自己之所以會專注在小事上，是因為大事（主要是關於孩子與家人的健康和安全）實在令人不堪重負。我老是分心、無法集中精神，經常忘記、打破、弄掉或搞丟東西。我的論文進度大幅落後，趕不及在截稿日交出書稿。我睡得越來越少，變得越來越胖，把怒氣全都發洩在孩子身上。無論我發誓過多少次，絕對不會再對她們大吼大叫，事情還是沒有任何改變。

最後我崩潰了。而且還常常抓狂。

重新振作的心路歷程

後來真正幫助我振作起來的不是意志力，也不是大師的建議，而是我的先生。

我先生是最了解我的人，直到我終於把他說的話聽進去，一切才有了轉機。他一直說他認為我有睡眠障礙，說了好幾個月，我卻完全聽不進去，因為講真的，有誰會聽老公或老婆的話？可是他很堅持，於是我便和睡眠專科醫師約診，做出確切的診斷、進行治療，這些都大大改善了我的睡眠品質。

好好睡一覺是調整自我、恢復冷靜的第一步，也是不可或缺的關鍵。充足的睡眠能帶來滿滿的能量，讓我有精神採取後續行動。我睡得越多，和孩子在一起時的反應和煩躁感就越少。除此之外，我的工作效率變得更好、生產力更高，感覺在專業上稍稍扳回一城，同時也有精力開始運動了。儘管當時我並沒有意識到這一點，但睡眠、運動和打理自己的工作生活不僅安撫了我的神經系統，讓地雷冷卻下來，更降低了我對孩子抓狂的可能性。

此外，這些改變也讓我有能量和動力重新接受心理治療。「治療」是專家經常拋出來討論的詞語之一，在這裡我想跟你分享一些更實際的經驗。以下不按順序列出治療幫助我的方式，供你參考。不過你也可以跟值得信賴的神職人員、心理諮商師、輔導員和醫生談談，參與育兒支持小組，從中獲得這些益處。

＊讓我有空間抓狂，卻又不會覺得自己抓狂過頭。

我發現很少有比下面這件事更令人暢快，讓人有種釋放自我的解脫感：和一個自己信任的人在同一個房間，你表現出自己最糟糕的一面，哭得亂七八糟，同時知道對方真的有在聽你講話，完全沒有隨意批評或論斷，然後——這會是最棒的部分——走出房間，聽見門在身後關上，知道自己把負能量留在那裡，直到下週三下午兩點前都不必再接觸這些爛事。

＊讓我清楚洞察自己所面臨的教養挑戰，發展出深刻的見解。

你大概覺得我身為一個心理健康專業人員，應該能自己解決這些問題。錯了。我以前非常懶惰，擅長提供建議，卻不太擅長聽從建議。

我的治療師和我談到我的童年，讓我明白地雷的發展過程，以及哪些情緒和行為最有可能點燃、引爆它們。這些探索都讓我更了解以前那些感覺無法控制且無法預測的情況，對孩子抓狂即是一例。

＊治療師讓我看見不同的觀點。

在二十四小時新聞輪播、親子教養專家多如牛毛和社群媒體當道的時代，我這個焦慮又沉迷於心理勵志書的人所面臨的主要挑戰之一，就是不斷被大家（通常是矛盾和／或毫無根據）的想法轟炸，告訴我哪些該做、哪些不該做。到最後，我對所有事都失去了自我觀點。我的育兒指南針就像一個不斷重新導向的GPS，給了我一百萬條不同的路，但似乎沒有一條能讓我去到想去的地方。

我和我的治療師進行數週的討論，整理出所有教養建議、相關意見，以及各種擔憂和假設。然後我會帶著一些有用的想法離開診間，好讓自己能順利度過一週，同時想像其他東西全都四散留在診間地板的藍色防水帆布上，旁邊寫著大大的「丟掉」兩個字。

*我學到很多關於情緒導火線與在艱難時刻的處理技巧。

微小的變化往往會帶來很大的不同。比方說，我女兒還在蹣跚學步的時候，我有個朋友經常陷入恐慌，還會在三更半夜打電話給我。我很擔心她，所以就算再忙再累我也還是會接電話。她的情況和細節描述大大加深了我的壓力和焦慮感，導致我常在掛斷電話後對女兒發飆。

關於那些電話和後續失控之間的關連性現在已經很明朗了，但是當時我完全看不出端倪。開始談論這件事後，我才真正明白一切環環相扣，一個片刻會引致另一個片刻。我的治療師委婉地建議我，和女兒在一起時先不要接朋友電話，等到有比較多時間和呼吸空間時再回撥給她。自此之後，晚上就變得輕鬆多了。

•

＊接受藥物治療來撫平焦慮。

我一直斷斷續續接受治療將近十年，期間從來沒有考慮服藥；直到有一天，我突然跟她說我很擔心學校會發生槍擊案，情況才有所改變。

通常我早上送女兒上學後都會花點時間坐在車裡凝望天空。過去讓我感到快樂和平靜的晴朗天氣，如今卻成為不祥的預兆。

我會默默告訴自己，今天是美好的一天，但也是會有持半自動武器的混蛋會走進校園瘋狂掃射的一天。然後我的心跳開始加速，呼吸越來越急促，只能拚命壓抑想跑進學校把女兒帶走的衝動。我心想，我們全家可以搬到英格蘭的一個小村莊，那裡沒有學校槍擊事件，語言也不是問題，反正大家都講英文嘛，我可以學著愛上喝茶沒關係。通常想到最後我都會冷靜下來，展開屬於自己的一天。然而我的焦慮和不安出現得比以往更頻繁，程度也更加激烈、不可預測，嚴重影響到我的心情，整個人變得非常沮喪。

我對藥物治療有點疑慮。即便看到案主經歷各種翻轉生活的好處，我還是很擔心服藥的副作用和可能的戒斷過程。但是我相信我的治療師，於是便約了一名精神科專科醫師看診。她回答了我的問題，並建議我服用焦慮症常用的低劑量抗憂鬱劑。

吃藥真的有用。我在短短一週內就注意到情況明顯改善了不少。可怕的想法出現的頻率變低了；我晚上睡得更好，身體的緊繃感也有所舒緩。最棒的是，

自助，也要人助

服藥對我來說非常有用，但請不要馬上扔下這本書跑去找醫生開處方箋。我要再說一遍。世界上沒有什麼神奇小藥丸、祕密捷徑，或只要花十九點九五美元就能買到的二十七步驟課程能幫助你不再對孩子抓狂，讓你在一夜之間變成完美的父母。這種東西不存在。

藥物治療只是幫助我解開謎團的一小塊拼圖。除此之外，睡眠、運動，自我照顧及治療師與家人的支持才是重要關鍵。

我更能享受親子教養的樂趣。我的思緒也越來越澄澈，更有能力將自己所學到的自我照顧策略付諸實踐。

藥物治療持續了大約一年，然後在醫師的允許下逐漸減少劑量，最後我停藥了。

我懂你，因為我也是過來人

上述這些經歷堆疊成現在的我。如今我大多時候都能一覺到天亮，體重也減輕了很多，而且完全沒有服用任何藥物。當然我還是會被激怒，但我現在更能察覺到自己的情緒導火線及可能會在什麼情況下引爆，讓我大抓狂。我知道我需要睡覺和運動，放些零食和小點心在包包裡，放慢步調，和朋友聊天，要常常笑到肚子痛；我也知道，這些行為並不是自我放縱，如果你想和孩子好好相處，不要沒事亂發飆，這些都是不折不扣的必要需求。但爛事難免，最後還是不免會抓狂。情緒爆炸的時候，我會盡量深呼吸，跳一段愚蠢的舞蹈，向孩子道歉，並對天下的父母懷著更深的慈悲心與同情心。

最重要的大概是我不再相信崩潰抓狂屬於道德上的失敗，或是我應該要有能力選擇冷靜。我將情緒爆炸視為一種症狀，一個警訊，讓我知道我需要好好照顧自己、尋求一些支持，或是坦然接受當天的失敗並打開電視（我不再認為看電視是糟糕的行為了），而且我有技巧和策略可以撫平情緒，重回正軌。

以上就是我的故事。現在輪到你了。你的個人生活與育兒挑戰細節看起來或許和跟我的經驗相似，抑或截然不同，無論是哪一種，應該都能在我的經歷中尋得共鳴。

首先，我花了很長的時間才意識到自己有多掙扎。我深陷在工作與生活的雜草叢裡養育孩子，不僅看不見林木濃密的森林，還不斷被該死的樹根絆倒，認為這些都是我的錯。如果你已經當了許多年的父母，卻仍舊跟我一樣也不斷遇到困難，沒關係，改變永遠不嫌晚。

另一個我學到改變人生的教訓是，我以前無法、現在也無法獨自一人完成這些目標。我非常謝謝多年來一直支持我的家人、朋友、專家和專業人士。他們抱著我的孩子，傾聽我的憂慮，告訴我什麼是常見的情況，提點我什麼時候該採取行動，建議我尋求協助（老公，雖然我從來不聽你的話，但我還是很愛你！），伴著我走過所有風雨。

除了提供資訊和建議外，我希望這本書能成為你的支持；雖然我們素昧平生，但我同樣是你社群裡的一分子。我希望我的故事能讓帶給你力量，讓你勇敢跨出第一步，向外求援；與此同時，我會在這裡陪你，引導你逐步走完整個過程，讓你重新振作，調整自己，好好生活。首先第一步，就是掌握你的情緒導火線。我們開始吧。

給崩潰媽媽的處方箋

- 我越堅持自己的步調、好好照顧自己，育兒與生活就變得越輕鬆、越有趣。
- 睡眠、運動和打理自己的工作生活不僅安撫了我的神經系統，讓地雷冷卻下來，更降低了我對孩子抓狂的可能性。
- 我將情緒爆炸視為一種症狀，一個警訊，讓我知道我需要好好照顧自己、尋求一些支持，或是坦然接受當天的失敗並打開電視，而且我有技巧和策略可以撫平情緒，重回正軌。
- 如果你已經當了許多年的父母，卻仍舊遇到困難，沒關係，改變永遠不嫌晚。

第三章

如何避開地雷與情緒導火線？

我們每個人都有情緒導火線，絕無例外。如果你認為自己沒什麼問題所以想跳過本章，呃，拜託不要。這些概念很重要，所以來杯咖啡邊喝邊讀，也趁機放鬆一下吧。

本書提到的導火線意指「任何讓你更容易對孩子抓狂的事物」。這些導火線會讓你的地雷變得更大、更亮、更敏感，更容易被踩中。

雖說不管任何人都可能踩到你的地雷，讓你大發飆，但本書是以父母對孩子抓狂為主題，因此會以此為重點來探討。孩子天生就是專業的踩雷高手，他們會伸出手指走遍整個世界，隨時準備觸摸和推按所有經過眼前的人事物，因為這是孩子學習、成長以及與世界互動的方式之一。他們的手法變幻莫測，問題多多，畢竟兒童的大腦尚未完全發育，出現這些行為在所難免。

如果導火線沒有被引燃，孩子的行為就不太容易引爆你的地雷，因為這時地雷還藏得很好，不容易被踩到。我說的是那些光輝燦爛的時刻，你不知怎的就是能用耐心和微笑來面對孩子古怪舉動的時刻。

不過，一旦導火線點燃，情況就不同了。這時你的神經系統處於高度警戒狀態，只要輕輕一踩，就能讓你出現戰鬥、逃跑、僵止或抓狂反應。你的地雷會開始發亮，移到孩子的視線高度，這和電梯裡那顆該死的緊急按鈕完全不一樣。

與其要求孩子自律，不如大人提升自控力

焦點拉回孩子身上。他們四處閒晃，伸出手指伺機而動，接著突然發現一顆地雷按鈕。我敢說他們百分之百、一定、絕對會使勁按下去，讓你的地雷爆到最高點。年紀越小、越不成熟、越疲倦，或是自身情緒導火線也被點燃的孩子，用髒兮兮的小手指猛戳你痛處的速度就會越快，力道也會越大。

或許一顆地雷被踩到你還能應付，甚至兩顆到十二顆對你來說都不是問題，一切取決於你的背痛老毛病是不是又犯了，帳單超支多少，以及你老闆的脾氣有多怪。總而言之，最後大家都會崩潰抓狂，就算是世界上最淡定的父母也無法倖免，而我們需要好好了解一下箇中原因。注意啦，這是進階的大人行為，我們接下來就是要展現出成熟的態

度，掌握自己的難題，就是辨識出情緒導火線，了解應對策略，好讓地雷變得更小、更黯淡、更不敏感，更不容易被踩到。

請特別注意我剛剛說的話。我說過我們要讓這些地雷更不容易被踩到，不是說我們要阻止孩子踩地雷。這個區別至關重要。因為一旦聚焦在孩子踩地雷的方式，背後隱含的解決方法就是阻止他們做當下正在做的事。嚴格說來，孩子可能既是導火線，也是踩雷王，然而出於以下兩個原因，我們不能將孩子視為情緒導火線：

1 正如之前所提到的，將自己的理智與身心健康寄託於他人的瘋狂行為不是什麼好主意，最後大家的下場都會很慘。你不能要求別人對你做了什麼或沒做什麼負責，尤其是那個「別人」碰巧是你的孩子的時候。現實的情況是，孩子一定會做出蠢事，也一定會踩你地雷。這點不可能改變。你該做的是盡量好好應付自身地雷，並在孩子激怒你時盡可能保持冷靜。

2 從發育的角度來說，期望孩子一直表現良好並不適當。特別是在他們因發育、情感、身體或智識上的挑戰而掙扎、觸發情緒，或因為當天是星期二，還是他們水逆的時

但我還是要知道該怎麼應付孩子啊！

你可能會想，專注在地雷和情緒導火線很棒，但孩子也是整起事件的主要角色啊。你懷疑應該還有更多厲害的撇步能讓你輕鬆駕馭親職，但又對此毫無頭緒。以下是我給你的建議：

身為父母，你的首要工作是保護孩子的安全，盡力而為。

次要工作則是管理自己的情緒，這樣你才能有意識地回應孩子，不會失控抓狂。這就是本書的主題。

接著你需要搞清楚自己到底想用什麼方式來教養孩子，這點跟對孩子的回應方式一樣重要。祕訣在於找到對你和家人有效的方法。你可以計畫一下，想想孩子打弟弟、當著你的面說謊，或是又弄丟一個牙套維持器時該怎麼回應，這麼做能幫助你在棘手的時刻保持鎮定。你可以透過下方五個方法，找到適合自己的教養方式：

* 和真正認識你和你孩子的人討論，例如家人、朋友或家庭醫生，跟他們談談你的疑慮，徵求他們的意見。
* 從文化和社區尋找靈感、常見的做法或習慣。例如宗教或靈性成長團體、其他父母或孩子學校的老師和輔導員。
* 與專家對話，例如家庭治療師、兒童心理學家或親職教練。
* 閱讀親子教養書籍、參加網路研討會或收聽播客（podcast）以尋求建議。記住，接受建議之餘別忘了保留一些自我觀點。找到那些做法是適合你的家庭結構、生活風格和價值觀的最重要。
* 坊間有很多很棒的教養方法。若有人慫恿你相信他們的方法才是唯一解方，請提高警覺。

就算你有計畫，也不會每次都做出正確的選擇，一定會有出錯的時候，那也沒關係。不管你想到什麼相對冷靜的點子，都好過生氣或沮喪時所爆出來的情緒。盡力就好，撐住，你的孩子很快就會給你另一個嘗試的機會。

最後，記住，讓孩子開心不是你的責任。你不需要修復、而是要感受那些強烈的情緒。孩子必須學習和了解到，感到悲傷、生氣、尷尬或困惑並沒有錯，而且這些感覺最終都會消失。如果你不能容忍他們崩潰，他們也無法容忍你崩潰。一切由你開始。請挑起重擔，做好準備吧。

候。他們的前額葉皮質（大腦中負責讓他們不要失控的部分）基本上還不成熟。這就像要他們在沒有任何木材或工具的情況下蓋房子一樣，根本是不可能的任務。

先說清楚，我不是要你放棄所有希望，任憑孩子展現野性。你當然需要設下規矩，維持界線，保持積極態度，教導他們何謂適當的行為、自我覺察與內心的聲音；但這麼做不是為了讓他們不再激怒你，而是讓他們將來有一天能成為身心狀態良好、對社會有貢獻的一分子。許多成年人至今仍未掌握這些長期技巧，但我個人是不想在未來幾年一邊抓狂一邊乾等，希望我女兒不要踩我地雷。

教孩子排隊洗手等諸多規矩的同時，我們也必須接受一項事實：我們無法控制孩子每一個行為層面。這種認知能讓我們得以騰出心力專注在可掌控的事物上，也就是自己的地雷與導火線。我們要為自己做寧靜禱告（我是說真的），盡可能處理情緒導火線，接受那些無法處理的部分，並練習辨別其間差異。

首先第一步是辨識、找出情緒導火線，也就是本章要探討的重點。很多父母可能情緒激動、怒氣沖沖或滿肚慍火地走來走去，完全沒有意識到事情正在發生，或者我們很可能直接就崩潰抓狂。當然，導火線未必都與孩子有關。你不過是個凡人，身上有很多地雷，不管觸發因子是什麼，地雷都不會消失，只會靜靜等待你的孩子來踩。

感覺自己快爆炸了嗎？——地雷與情緒導火線須知

地雷與情緒導火線有幾項重點須知：

＊普遍性導火線或獨特性導火線。

普遍性導火線（如疲勞、慢性疼痛、悲傷等）指的是那些會把所有人逼到崩潰，不論個人差異的觸發因子。相反的，獨特性導火線只會觸發某些人的情緒，其他人則不受影響。

舉例來說，嘈雜的噪音（包含現場音樂，無論是來自我的孩子，還是我最喜歡的樂團都算）會讓我緊張不安、脾氣暴躁，但我先生似乎完全無感。如果噪音不會干擾到你，那教養孩子這件事自然比較輕鬆；因此，噪音對我先生來說沒差，對我來說非常有差。

我可以接受現實，承認噪音確實會影響到我，使得我三不五時就對我先生不爽，因為噪音在他眼中不是問題，以及盡可能減少生活中的噪音。除此之外，我無能為力。嘿，有人要耳塞嗎？

＊急性／短期導火線或慢性／長期導火線。

腳踝扭傷或壓力超大的工作專案等都看得到盡頭，也都會過去，這些屬於急性／短期導火線；永久性殘疾或創傷經驗則是慢性／長期導火線，可能一輩子都必須與之共處。一旦發生這種情況，我們的地雷可能就會比一般人的地雷更大、更敏感。

＊地雷被觸發和引爆的頻率越高，未來再次引爆的可能性就越高，速度也越快。

這是基本的神經生物學概念，一同發射的神經元會彼此連結、相互牽動；學習樂器就是個很好的例子。若孩子不斷練習讀樂譜、彈奏音符，大腦的協調能力就會變得很好，可以同時支配眼見的事物及手部動作，孩子得以彈奏整首歌曲，毋須有意識地思考該如何移動手指。

導火線、地雷和抓狂也是如此，令人惱火卻又充滿希望。正如我們可以「提升發飆的能力」一樣，我們也可以提升冷靜與管理情緒的能力。練習的次數越多，就能越快培養出沉著的應對模式，做起來也會越簡單、越自然。

＊有些導火線只和你自己有關，有些則不然。

有些導火線完全源自你的思緒、心靈或身體狀況；有些則可能牽涉到家人、朋友、同事、鄰居或你每天在學校接送區看到的其他爸媽。

＊有些導火線屬於你可以掌控的範圍，有些卻幾乎不能或完全無法掌控。

我可以選擇不接朋友每天晚上打來的瘋狂抱怨電話，卻不能阻止救護車發出尖銳的警笛聲（每次聽到我都會神經緊張）。重點是要先了解其間的差異，再採取下一步行動。

＊導火線會隨著時間有所改變。

過去容易激怒你的人事物如今可能超出你的雷達偵測範圍，不會觸發你的情緒；與此同時，其他挑戰和憂慮則會從莫名其妙的地方冒出來，點燃你的怒火，讓你全身上下的地雷像聖誕樹一樣閃閃發光。其中有些屬於可預見的變化，有些不是。

舉例來說，若餵養嬰兒這件事讓你特別有壓力，請撐住，孩子再過幾個月就能自己喝奶了；或者你會發覺，頻繁的親子肢體接觸對以前的你來說不是困擾，現在卻成了貨真價實的情緒導火線。

＊積極正面的經驗也可能是導火線。

有時看似愉悅的經歷（如生孩子或升職）可能會因為各種原因引爆你的地雷，比方說期望所造成的壓力、人際關係改變、對失敗的恐懼等。事實上，任何一點改變都會帶來壓力和緊張感。

＊你的應對方式可能會刺激或點燃其他導火線。

就我而言，我試圖控制焦慮，用巧克力和咖啡來增強活力，但這些短期舒緩和解脫感全被體重增加與慢性疲勞所帶來的長期後果摧毀殆盡。很多父母會用滑手機或喝酒來應對不舒服的經歷與感受，即便本意是要讓自己冷靜下來，這兩種方式依舊有潛在的風險，可能會點亮內在的情緒地雷。

＊養兒育女本身可能就是導火線。

撫養孩子會讓未知的地雷和罩門浮上檯面，這點通常與你自身的童年經驗有關。「成為父母」是你自孩提時代後首次回歸至親子關係，雖然這次你是成人的角色，大腦和身體有時還是會忘記這一點。如果你爸媽每次都會在你打翻早餐穀片時對你大吼大叫，那混亂的意外很可能成為你的情緒導火線，就算以前的你並不會為了灑出來的牛奶這類覆水難收的事而哭也一樣。

察覺你的導火線引燃指標

你可能每天都會被激怒，只是程度不同，時間點不一樣，而且你完全不曉得到底是怎麼回事。神經系統的演化是為了生存，不是培養洞察力；邊緣系統也不會在你意識到自己發飆時發出警示聲，而是努力讓你活下去，因此，我們的大腦才會反射性地加速心跳、繃緊肌肉和擴張瞳孔來應對壓力，而非將資源和能量轉移到前額葉皮質，讓我們有能力注意到自己的情緒一觸即發，進而冷靜下來，好好想清楚。

幸好，一旦地雷變得特別敏感、特別容易被踩中，我們就比較能注意到它們的存在，這是冷卻地雷的第一步，也是不可或缺的關鍵。一切都和你的「導火線引燃指標」有關，也就是被激怒時會冒出的想法、感受、行為與身體感覺。基本上引燃指標不出這四大類別，但各人的情況不同，指標也有所差異，因此，辨識並找出自己的引燃指標非常重要（第八章會再更深入討論）。

以下是常見的引燃指標：

* 焦慮、執著、不斷思索或擔憂，以致讓腦袋卡住，難以自拔。
* 身體緊張，例如背部緊繃、眉頭緊皺或彎腰聳肩。
* 腦中出現各種電影《末路狂花》（*Thelma & Louise*）式的情節，很想消失在大賣場裡好幾個小時，或乾脆衝下懸崖之類。
* 感到煩躁或易怒。
* 對別人的言行舉止吹毛求疵，放大檢視，找人家麻煩。對象可能是孩子、配偶或其他剛好在那個瞬間與你相會的倒楣鬼（例如傳沒禮貌或囉嗦的簡訊、推文或電子郵件等）。
* 翻白眼或小聲碎唸、挖苦別人。
* 渴望甜食、零食、酒精、尼古丁或其他藥物。

* 咬指甲、摳抓皮膚或結痂組織。
* 不停滑手機，反覆查看社群媒體上的資訊。
* 給自己一堆壓力，想立刻把事情搞定（我的話是洗碗機。被激怒的時候，裝滿碗盤的洗碗機對我來說等同紅色警戒，必須即刻淨空）。
* 無謂地著急。
* 對孩子發飆，失控抓狂。

暴飲暴食和瘋狂購物不能解決問題

喝酒、吸毒、賭博、沉迷電動或電腦遊戲、暴飲暴食、觀看色情影片或衝動購物導致債務纏身，都是常見的情緒觸發反應。遺憾的是，這些做法完全沒用，反而還會讓你分心或麻痺你的感知長達數小時，到頭來你還是沒有真正處理情緒導火線，也沒有好好照顧自己。無論你選擇如何逃避，一旦陷得太深，最後終究會成癮。

假如你飽受上述問題所苦，接下來各章會分享一些策略，教你技巧性地應對難纏的情緒導火線。但是，如果你面臨的是成癮症，那些方法可能還不夠。你所遭遇的挑戰並非道德上的失敗，也不表示你是糟糕的父母或差勁的人。你不過是在對抗比自己更強大的事物罷了。你可能認為自己時間不夠用，又或是金錢、資源或其他托育管道，無法向外求援，但這也可能是你此生為自己、孩子與家人做出的最重要的抉擇。請和朋友、醫生、治療師，神職人員或互助小組聯繫。療癒和改變雖然不容易，但不是不可能，而且絕對值得。

忙、亂、累！常見的情緒導火線

現在，我們準備探索潛在的情緒導火線（有需要的話，也可以參閱書末那張長到不行的清單，找出自己的觸發因子）。目的是要了解哪些導火線會點亮你的地雷、增加被踩到的機率，以便採取有效策略，先發制人，讓自己冷靜下來，應對困難的時刻。我以認識與來諮詢的父母為樣本，歸納出一些常見的導火線：

＊慢性疲勞

每天晚上閉眼八小時不代表就享有高品質睡眠。此外，長期的慢性壓力、忙碌與不堪重負，也會讓你在一天結束之際感到筋疲力盡。

＊與孩子共處時一心多用

一心多用的想法完全是個迷思。如果其中一件事和你的孩子有關，算了吧，別想了。一次做太多事只會增加不必要的壓力而已。這個導火線是重要關鍵，卻往往不受重視，所以第四章會好好討論這一點。

當活動與遊戲競賽變成情緒導火線時，該怎麼辦？

我們很容易注意到負能量滿滿的導火線，像是重大疾病或意外事故等。然而，表面看似無害的良性經驗也可能觸發內在的情緒。以孩子的足球賽為例，如果你愛看孩子踢球，也喜歡和其他父母聊天，那很棒；不過對許多父母而言，遊戲競賽相當於導火線盛會。熾熱的陽光；不認識其他人的壓力；展現亮眼外表與風趣言語的社交壓力；擔心孩子會不會表現得很爛；無聊，以及隨之而來的想滑手機的欲望，只要有其中一項因素，就能把歡樂的足球場變成潛在的地雷區。

幸好，你可以採取一些行動來應對這類情況。第一步，坦然接受自己不喜歡足球或相關活動。但這並不表示你是糟糕的父母或不愛孩子，你只是不喜歡足球而已。就這樣。不要自己腦補一堆，小題大作。

第二步，決定自己要做什麼。如果你覺得自己不得不去看該死的足球賽，請做好面對導火線的心理準備，好好應付情緒。吃一頓豐盛的早餐，帶點零食和水；戴上帽子；自備椅子和書；繞著球場走幾圈；戴上耳機，打開優質的有聲讀物或播客；別再擔心其他人的想法，為自己增添壓力。最後一項很難，但會越來越簡單，一旦掌握這個技巧，你就會覺得自己是個超狂的狠角色。記住，你不是什麼忽略孩子的父母，事實上，你的所作所為正好完全相反，你是在好好照顧自己，這樣才不會抓狂。

除此之外還有另一種選擇：不要去。可以請你的伴侶、父母或其他爸媽送孩子去比賽／接他們回家。親自到場為孩子加油的方法百百種，不必樣樣都做。避開讓你煩躁的事，這樣你就有更多時間和精力參與那些不會引發負面情緒的活動。你也可以帶著耳機備用，去室外散步，或安排共乘。總之，盡一切努力把導火線從生活中移除就對了。

＊焦慮

例如不知該如何應付的擔憂、緊張不安、很難專心或集中注意力、煩躁易怒、肌肉緊繃、容易疲勞、難以入睡或時常驚醒等。

＊智慧型手機

例如不停滑手機、沉迷於社群媒體，以及一直讓你分心的隱藏通知等。

＊重大的人生變化

包含死亡、離婚、搬家、失業、生病或受傷等。這些都是我們最需要好好照顧自己的時候，也是我們最不可能做到這一點的時候。

＊慢性壓力

我認為壓力是一種想法、信念或感知，讓你覺得自己無法應對眼下的事，不管什麼事都一樣。無論自我感知正確與否，壓力幾乎對每個人來說都是重要的情緒導火線。

滅火三步驟：覺察、接受、行動

我現在到底該怎麼做啊？你不需要一口氣解決或消滅所有導火線。相反的，我希望你能專注在覺察、接受與行動三大步驟。

〔步驟一〕覺察

「覺察」的重點在於意識到自己快要／已經被激怒。一旦你注意到自己的導火線引燃指標（例如屏住呼吸、趁孩子沒看到的時候對他們比中指等），並將其視為有用的警訊而非無關緊要的煩惱，就等於是給自己一個機會，在情緒爆炸前著手應對。第八章會詳細討論「注意」的技巧，進一步探索注意力之所以強大的原因，以及該如何練習、精進這項能力。

〔步驟二〕接受

「接受」自己被激怒的事實。努力忽略正在發生的事，或硬撐過去聽起來或許很吸引人，但實際上這種反應是行不通的。你的神經系統完全不在乎現在方不方便抓狂，你越抗拒，情緒就會燒得越旺。不過我要說清楚：接受並不是要你甘心躺下來任憑導火線宰割，而是要好好面對當前的生活景況，承認並接受現實。如果和哥哥傳簡訊是你的導火線，請好好面對，想想看要怎麼做。你是個大人了，你可以的。

〔步驟三〕行動

好，你已經完成了覺察和接受這兩個步驟，準備好採取行動了。你有兩個選擇：解決或學習與之共存。

先來談談「解決」吧，因為這是最理想的狀態。如果可以把導火線全都清乾淨，那不是很棒嗎？可是事情並沒有想像中那麼簡單。一勞永逸的解決方法非常稀少，所以，若你手邊有可用的解決方案，請不要猶豫，做就對了。如果可以辭掉那份悲慘的工作；坐火車時戴上消除噪音的耳機；辭去委員會的職務；在爸媽突然來訪時痛扁他們一頓；或是快點接受物理治療、處理肩頸痠痛，拜託，快點做。要是無法解決這些情緒導火線，就需要學習如何與之共存。

我們會在接下來的章節中進一步發掘與導火線共處的意義，但首先，我要分享一個親身經驗：最近一次假期，我們全家人去了一間小餐館等候就座，準備吃早餐。餐廳裡綴滿了鮮豔明亮的霓虹燈，小小的用餐區擠滿了人，嘈雜的喧鬧聲不絕於耳，路人在走出大門或走到座位的路上不停撞到我，我很餓，前一晚在旅館又沒睡好，而這就是我的導火線。當下我變成一顆巨大的紅色地雷，而我女兒則拚命踩個不停。她們大聲嚷嚷，隨便亂指人，緊抓著我的手臂，踩我的腳，問了上百萬個無關緊要的瘋狂問題。

當時我正在寫這本書，所以我意識到自己被激怒了；此外，由於我一直在跟我先生討論書的內容，所以他當下也想到了這件事。他知道我搖搖欲墜，瀕臨崩潰邊緣。等到一有座位，他就立刻把我帶到靠牆的位置（最不容易被別人推到或撞到的地方），要女兒一直到上菜前都不要煩我。

通常我會亂發脾氣，變得異常暴躁，或許還會對我先生發飆，叫他不要對我發號施令，告訴我該坐在哪裡，用這種好像我精神不穩定一樣的方式來待我（雖然當時我的情緒真的很不穩定沒錯）。然而我覺察到自己的情況，接受自己快要抓狂的事實，因此便聽從他的建議坐在角落。我先生開始跟女兒玩，所以我可以靜靜凝視著咖啡，好好呼吸。飯後我們決定散步回旅館，不坐計程車，因為我知道，待在戶外與活動身體對我來說是冷卻過熱頭腦、平復情緒最有效的兩大策略。呼吸、進食、外出和散步這些活動能幫助我冷靜下來，至少恢復到「帶著兩個小孩度假的媽媽」應有的正常狀態。雖然沒有方法能解決這些感官刺激型的情緒觸發因子，但我正在學習與之共存。

情緒導火線是討厭的大麻煩，也是現實生活中無可避免的存在。然而，你可以學習一些巧妙的應對策略，適時避開導火線，或者盡力降低其所帶來的影響。雖然要達到這個境界需要花點時間學習、改變習慣，但這些技巧都很簡單明瞭，練習的次數越多，做起來就越容易。

接下來四章，我們會深入探索各式各樣的方法，幫助你減少和管理生活中的情緒導火線。

給崩潰媽媽的處方箋

- 導火線意指「任何讓你更容易對孩子抓狂的事物」。導火線會讓你的地雷變得更大、更亮、更敏感，而且更容易被踩中。
- 孩子天生就是專業的踩雷高手。他們的手法變幻莫測，問題多多；畢竟兒童的大腦尚未完全發育，出現不受控的行為在所難免。
- 身為父母，你的首要工作是保護孩子的安全。盡力而為。次要工作則是管理自己的情緒，這樣你才能有意識地回應孩子，不會失控抓狂。這就是本書的主題。
- 你不需要一口氣解決或消滅所有導火線。相反的，你只要專注在覺察、接受與行動三大步驟。

第四章

一次只做一件事，才能完成更多事

接下來的四個章節，我們會探索十一項不同的練習，這些練習能冷卻你的神經系統，讓大腦維持正常運作、思路清晰（至於多正常？多清晰？至少是你那顆霧煞煞的父母腦能達成的程度），大幅降低對孩子發飆的機率。我知道忙碌的爸媽每天都有一大堆事要煩，所以，為了你的理智著想，我們先從四個沒得商量、一定要做的練習開始：一心一用、睡眠、支持與善待自己。

我知道這些練習看起來像是自我照顧，但請記住：你這麼做不是為了自己，應該說至少不是只為了自己，還有為了你的孩子、親子關係及較平靜的家庭氛圍，同時這麼做也能讓你覺得自己沒那麼瘋狂，動不動就爆炸。若把這些練習想成「不想對孩子抓狂必做的事」對你來說比較有幫助、感覺比較好，那也沒問題。

雖然「不想抓狂必做的事」這個描述很貼切，講起來卻不太簡潔有力（硬要縮寫也很難看），因此我將這十一項練習稱為「掃雷練習」。這些練習專門用於縮小地雷的體積與敏感度，做起來簡單，而且有證據可循。

話雖如此，你還是需要花點時間和心力投入才能看到改變。只要不花太多時間和精力對孩子發飆，就會有更多時間和精力執行這些練習。此外，開始練習後，你遺失、破壞、忘記東西或亂推文、亂寄電子郵件說些違心之論的機率也會變得比較小。你會省下很多寶貴的人生時間，而且，你的身體可能還會變得更健康，心情也會有所改善。

掃雷大作戰

急著展開新頁、改變生活之餘，請不要擔心自己有沒有完美做到每一件事，這種非黑即白的思維模式是失敗的第一步，所以請試著放下這些憂慮，不要想太多，試圖將各項練習融入忙碌的生活時，只要思考下列兩個問題就好：

* 你真的做得到這些事嗎？如果不行，你可以做些調整讓練習更有效，為你帶來正面影響嗎？或是可以找到其他更有效的方法？這些掃雷練習的原始設計就是適用於所有人，要是你真的很誠實、很確定自己沒辦法多多活動筋骨，或是每天晚上一個小

當媽媽後，生活大不同

若你認為自己絕不可能在日常生活中抽出時間睡覺、活動筋骨、放慢腳步，那你的生活方式可能就和「不對孩子抓狂」互斥。記住，這點跟你無關，而是與你教養孩子的背景環境有關。話雖如此，改變絕非不可能。改變並不容易，要花很多時間、獲得大量支持和援助才能找出解答，但絕不是天方夜譚。

以下是我的朋友和案主為了應對教養子女與人生挑戰，所做出的重大生活變化：

- 推掉大部分或所有的志工活動。
- 減少孩子的活動，例如運動、音樂課、其他課後才藝班或社團等。
- 以有意識、有計畫的方式持續向家人朋友尋求更多支持，例如盡可能定期安排托育照顧服務和共乘等。
- 從全職工作轉為兼職工作。
- 辭掉工作，暫時成為全職媽媽。
- 聘請保母、互惠生（為了學習外語寄宿當地人家，以照顧孩子或處理家務來換取食宿或小額報酬的外籍人士，多為年輕女性）、定期安排臨時保母或爸媽小幫手等。

這些改變光想就令人不堪重負，甚至覺得是不可能的任務。但是這些不一定是永久性的改變。給自己和家人一點時間冷靜下來，好好調適，讓一切回歸正軌，接著就能重新評估、調整眼下的生活方式。

時不用手機，那你的生活方式可能本質上就和「不對孩子抓狂」相衝突。請注意，我並不是說你天生缺乏「不抓狂」的能力，而是說當你面對那些小小踩雷高手時，你的生活方式會比較容易讓你無法保持冷靜。希望你能了解其中的差異。

＊這些練習有發揮效用嗎？有沒有讓你減少對孩子發飆的頻率？有的話就太好了！如果沒有，請想想你是不是真的在做自己決心要做的事；你有沒有給予這些練習足夠的時間發揮效果。若以上兩個問題的答案都是否定的，那也沒關係，隨時都可以重新開始。羅馬不是一天造成的，你也不會在一夕之間徹底改變，找回冷靜理智的自己。

不過，若你已經認真練習至少好幾個星期，卻還是動不動就暴走，那你得轉換方向，試試看其他方法。重新檢視自己的導火線，試著找出情緒爆炸的模式，了解發生的時間、地點、情境和原因。這樣做或許能給你一點幫助，讓你釐清下一步該怎麼走。

* 這些練習的效果取決於你做的次數。意思是做得越多，就越能感受到練習所帶來的好處。當你持續伸展筋骨，放慢步調，好好呼吸，就越能提升冷靜的能力，在情緒升溫的火爆時刻保持淡定。

* 處境越艱困，就越需要掃雷練習。焦慮感飆升時，請試著一次只做一件事，並尋求一些額外的支持。千萬不要等到自己狀態不佳、難以踏出新的一步時再行動，這樣只會徒增困難而已。

* 你需要規律練習這些掃雷方法。每天做的事比偶爾做的更重要。

* 想想你的主要導火線，然後從最有可能解決這些導火線的練習開始。若你總是疲憊不堪，那就先解決睡眠問題；若你經常感到不知所措或老是弄丟鑰匙，請試著簡化生活，一心一用。

這些都是簡單的小練習，請抱持著這種想法和心態：你不需要當一百分父母，把目標放在穩定扎實的八十分就好。如果你百分之八十的時間都能將這些掃雷練習謹記在心，那就太棒了！你之所以必須堅持這些練習，就跟我們日復一日送孩子去上學的理由一樣——他們能透過反覆練習考出好成績，你也能透過反覆練習改善抓狂的現象。

四項主要且最重要的練習分別是一心一用（single-tasking）、睡眠（sleep）、支持（support）與善待自己（self-compassion）。基本上，我們的目標是白天一次做一件事，晚上只做一件事（就是睡覺），同時盡可能獲取練習所需的幫助，並在狀況分崩離析時放自己一馬。這四個掃雷練習沒有討價還價的空間，非做不可。其中「一次專注一件事」是非常強大的能力和方法，能讓你掌握情緒、保持冷靜，所以接下來我們會花整整一章來探索這項練習。

是房間亂，還是心很亂？

「我很累。我受夠了。受、夠、了。快把小孩帶走。我要在浴缸裡泡澡盯著牆壁放空。」我一邊說，一邊把照顧女兒的任務交棒給我先生。每次長時間單獨和女兒相處後，我的反應都是這樣。無論她們表現多好、多糟，育兒這件事都讓我備感壓力、疲累不堪，動不動就對孩子崩潰抓狂。

另一方面，我先生和女兒相處一整天後看起來卻沒有這麼失控焦慮、不堪負荷。我會問他今天還好嗎？他會說「很好啊」，而且是真心覺得很好。不是說我們的孩子在他面前總像天使般溫和乖巧，只是不知怎的，他並沒有因為她們的需求與不可預測而感到困擾，甚至像我這樣被她們激怒。

隨著時間一點一滴流逝，我的好奇心也越來越強，很想了解我和我先生之間的差異。他究竟藏了什麼祕訣（撇開天生就比我更穩定不談）？當時我開始學習與練習正念，培養注意力。每次上完課回家，我注意到的第一件事就是家裡亂七八糟。我連問都不用問就知道我出門時他們到底在幹嘛。散落在客廳的玩具告訴我，他們玩過拼圖和記憶遊戲；流理臺上的髒碗盤透露出他們晚餐吃了什麼；我還知道他們輪流看了好多本貝貝熊（Berenstain Bears）繪本，因為書還在四散在沙發上，丟得到處都是。

我看著凌亂的屋子，心裡立刻湧起一股參雜著惱怒、沮喪和挫敗的感受，簡單說就是我氣炸了。我單獨和女兒在一起時從來不會把家裡搞成這樣。我幾乎每天都是用乾淨的流理臺、正在輕輕運轉的洗碗機和一塵不染的客廳迎接我先生回家。為什麼他不能禮尚往來，用同樣的方式好心幫忙一下呢？

我和我先生為此吵了幾次架，後來我才意識到，原來屋子的狀態和我的理智狀態有關，只是情況並不像我所想的那樣。對我來說，「雜亂」是很大的情緒導火線（當時我還沒有察覺到這種連結），所以我和女兒在一起時會不停打掃、整理家裡。陪她們玩「糖果樂園」（Candy Land）的時候，我會抽一張卡片，移動紙製角色棋，趁再次輪到我之前折幾條毛巾，同時無聲咒罵發明這款桌遊的人，居然搞出這種讓人心智痲木的遊戲。我一邊大聲念故事書，一邊在腦子裡檢視待辦事項；一邊協調她們的爭執，一邊切小黃瓜；一邊用廚房毛巾製成的毯子裹住動物玩偶，一邊傳簡訊給我朋友。我不會坐下來陪女兒吃飯，而是抓緊機會淨空洗碗機，寫下購物清單。

我一直走來走去、不停活動，時常焦慮不安，主要是因為我試著一次完成一件以上的事，至於我先生什麼也沒做，他和女兒在一起時就專心陪她們。雖然家裡最後亂成一團，但他並沒有因此神經緊繃，變成一顆等著被踩的鮮紅色地雷。差別就在於我一直一心多用，他卻沒有。

一旦意識到這一點，我就開始調整自己，改變做法（當然也從來沒有對我先生承認這些事）。現在髒碗盤會躺在水槽裡直到一天畫下句點；玩具會散落在地板上，麥克筆會留在廚房桌上，直到孩子進行最後的睡前整理。若我在一天結束前因為這些雜亂感到焦慮，無論當下在做什麼，我們都會暫停手邊的事，花點時間打掃。無論哪一種方式，清理時間很少超過二十分鐘，而且我在打掃期間和打掃完後也平靜許多，不像先前那麼暴躁。每當發現自己和女兒相處時感到緊張或壓力，我第一件事就是注意自己當下是否一心多用。如果是，我會讓大腦暫停一下，努力專注於眼前的事物。這個方法每次都能幫助我冷靜下來，平復內在的情緒，百發百中。

一心多用＝事倍功半

希望你現在明白世界上沒有一心多用這種事。我們這些愚蠢的人類不過是用這個詞來欺騙自己，自以為能同時做好幾件事。可惜這是不可能的任務。

大家經常把壓力這兩個字掛在嘴邊，卻不太了解其中的意涵。我個人偏好的定義是：壓力是一種想法、信念或感知，讓你覺得自己無法應對眼下的事。無論是發燒的孩子、小車禍，還是一大堆昨晚就該放進烘衣機的濕衣服都一樣，若你出於某種原因認為自己沒有處理這些情況的能力或資源，心中就會備感壓力。

有時你的感知很準，知道自己確實無法應付，需要一點支援、建議或協助；然而很多時候你明明完全有能力應對，卻給自己無謂的壓力。無論真實情況如何，只要你自認身陷難以逃脫的困境，你的神經系統就會發布紅色警戒，讓你變成抓狂高風險群。

一心多用這個把戲會讓你誤以為自己無法應付當下發生的事，而且屢試不爽。就像空中拋接球遊戲，空中的球越多，掉球的機率就越大，你可以找人幫忙接球、坦然接受會有幾顆球掉下來的事實，或是悶著頭直到拋接雜技結束。你會驚訝地發現，雙眼只注視一顆球的壓力這麼小，而且自己居然可以選擇放下這麼多球，就算一次只放兩分鐘、十分鐘也好。

此外，研究指出，一心多用還會造成下列多種情況，間接增加我們的壓力：

* 讓我們更不專心，注意力更不集中，讓我們容易弄灑藍莓、搞丟同意書或忘記扣好嬰兒汽車座椅的安全帶。
* 增加焦慮感，削弱創意，導致我們杞人憂天，難以想出有效的應對措施與解決方案。
* 讓我們錯過重要的訊息和提示。要是我們有注意到孩子餓了、累了，就能在他們鬧脾氣前給他們吃些點心，哄他們午睡。
* 一心多用會拖垮我們的效率，因為無論我們自認在做什麼，都只做了一半，這表示最後得花兩倍的時間才能做完，而且還是以過程一切順利，完全沒有搞砸為前提。

一心多用潛伏在生活中各個角落，無處不在，特別是當我們完全沒意識到自己深陷其中的時候。「一次試圖做一件以上的事」本身就會觸發我們的情緒。一心多用會耍花招欺騙我們，讓我們以為自己超棒、超成熟、超有生產力，

停！你真的想太多了

讓情況更混亂的，除了同時做好幾件事外，同時思考多種想法也是一心多用。尤其是腦中想法和手邊任務不相干的時候，這種「一心多想」的思維模式就會帶來很大的問題。

舉例來說，你希望孩子學會騎腳踏車，但他們對沒有輔助輪的情況下騎車感到焦慮，一直拒絕聽從你的指示和建議；你除了注意街上的車子，引導緊張的孩子外，還發現其他小孩在街區中騎著腳踏車四處奔馳，同時腦中不斷想像，要是孩子永遠不會騎車，他們的人生就完了——嗯，這可能會讓你很有壓力。

論斷、比較、緊張、擔憂或幻想你的孩子怎麼樣或不怎麼樣，他們未來可能會或不會達成的目標，他們哪一方面正常發育或尚未發育成熟，這種思路不僅屬於隱晦的一心多用模式，更是常見的抓狂原因。你會在不知不覺中對孩子發飆，進而加深他們的焦慮，讓學騎腳踏車這件事變得更有壓力，而且是無謂的壓力。

另一種做法是注意腦中不斷冒出的聲音，盡量集中思緒，不要胡思亂想（詳見第六章）。把焦點放在孩子身上，接受孩子當前的模樣與能力。假如你做不到，請找別人教他們騎腳踏車。這是個很合理的選擇。無論如何，只要意識到自己的心智在做一件事，但身體卻在做另一件事，請盡己所能讓二者合一，回到同一條路上。

實際上卻會讓我們失速墜入崩潰的深淵。接下來我們會深入探討這一點。

四個步驟邁向專注

我不是說你應該設定一個目標，這輩子絕對不同時做一件以上的事，這是不可能的。我之所以談論這個主題，是希望你能開始注意到「一心多用」和「抓狂」之間的潛在關聯，並將一心一用視為冷卻地雷的有效策略之一。

一心一用就是一次只做一件事，而且這個概念真的超讚。身心同時專注在一樣活動上不僅能減輕焦慮，還能增強信念，讓你相信自己做得到，進而冷卻內在的情緒地雷。一旦壓力減輕，心神就會跟著鎮定，思緒也會變得更澄澈、更有創意，讓你得以做出最佳選擇，基本上就是邁向「禪定大師」的第一步。

一心一用就和本書中的其他練習一樣，說得比做得簡單。這麼說並不是因為「一次只做一件事」本身很難，而是大多數人的大腦鍛鍊不足，需要多多練習才行。你可以從以下四個步驟著手：

〔步驟一〕盡可能意識到自己正在一心多用。

如果我沒弄錯，下面這些情況發生的頻率比你想的還要高。例如一邊在共乘區等候，一邊傳簡訊；一邊陪孩子玩四子棋，等他走下一步，一邊快速瀏覽臉書；一邊做午餐，一邊替孩子擦防曬；一邊看《酷男的異想世界》（*Queer Eye*）本季完結篇，一邊聽配偶說話。不知不覺中，在你後面的車子開始對你猛按喇叭；愛挖鼻孔的六歲小孩在四子棋遊戲上痛宰你一頓；無意識地把花生醬塗在孩子的手臂上。該死！你在心裡默默發誓，一定要對下一個走進門的小傢伙大發飆。但重點是，你一定要先意識到自己一心多用，才能選擇跳脫這個模式。

〔步驟二〕提醒自己可以選擇一次只做一件事。

無論你當下在做什麼，都有選擇的可能，重點在於要讓意識與身體動作合一。如果你覺得壓力很大、筋疲力盡，或是正在執行特別艱鉅／無聊的任務，就很難保持專注。

多多練習有助於改善這種情況。等等我們會詳細討論練習一心一用的方法。

〔步驟三〕判斷當下能否一次只做一件事。

雖然你永遠都有選擇，可以一次只做一件事，但不必太過執著。很多時候一心多用其實非常合理。像我會一邊摺衣服，一邊聽有聲書；一邊編織，一邊看電視；或是一邊散步，一邊講電話聊天。以下幾個問題可以幫助你確認當下是否適合一心多用：

* 你會覺得緊張、疲憊或有壓力嗎？如果答案是肯定的，那你不是等著搞砸，就是等著抓狂。
* 事情搞砸會有什麼嚴重的後果嗎？嗯，或許我會在聽有聲書時出神，把我的襪子放進女兒的抽屜裡，這沒什麼大不了的。但是開車時傳簡訊呢？在編輯重要的工作文稿時分心教孩子寫作業呢？千萬不要。這些事如果搞砸，可能會出大問題。
* 孩子所占據的心思比我們想的更多，感覺就像他們打開了筆記型電腦上所有標籤頁，你想再新增一個標籤的那瞬間，電腦整個當機，開始冒出陣陣濃煙一樣。無論

是全職爸媽，還是白天在辦公室上班、晚上回家與孩子共處的職業父母都一樣，事實就是事實。

〔步驟四〕繼續前進。

過程中請注意自己的感受與當下的情況。一心多用還有效嗎？如果有，那很好；如果沒有，請回到步驟二。

對於在家工作或行程安排彈性的父母來說，只要電話、簡訊或電子郵件還連絡得到他們，就很難在與孩子共處的狀態下一心一用。這是一把雙面刃，沒有完美的解決辦法。若你屬於這種一邊照顧孩子，一邊努力完成工作的爸媽，以下幾種選擇或許對你有幫助：

＊接受現實，明白自己無法完成所有的事。

休息一下，放過自己。就算水槽裡還有碗盤，手邊還有尚待安排的預約，或還沒回電的朋友，不代表你是不成熟的大人或不稱職的父母。你只是抱著實際的態度，知道自己有能力或沒能力應付哪些事，同時做出聰明的選擇以減輕自身壓力，保持理智。

＊**讓孩子自己找事做**。

設定十分鐘或二十分鐘的計時器，在這段時間專心陪伴孩子，接著就讓他們自己看書、玩遊戲或是看Netflix等等，總之就是讓他們有事做、不無聊，這樣你才能撥出時間處理公務（如果孩子有睡午覺的習慣，就等他們累趴吧）。

＊**確實進行「任務切換」**。

告訴自己，也告訴孩子：「好，拼完這個拼圖後我需要休息一下，回覆工作上的電子郵件，等做完之後，我再來跟你一起拼另外一個。」

＊**教孩子做家事**。

一開始需要花點時間和精力，但絕對值得，因為他們很快就能開始幫忙做家事，不再只是把家事堆到你面前了。過去幾億年來就是這樣教養孩子，沒理由終止這個趨勢。

＊忽略孩子。

我這不是在開玩笑，教導並鼓勵他們自己找樂子，或是讓他們覺得無聊，這樣對他們也有好處。你不必一直把心思放在孩子身上，當然也不需要強迫自己參一腳，陪他們玩。

當一個「專一」的人——一心一用的祕訣

若你已經習慣一心多用好一段時間，突然放慢步調，大腦可能會蠢蠢欲動，亟欲重拾舊有的模式。練習會讓一心一用變得更簡單，執行起來更容易。以下幾種方法能讓你在需要時輕鬆保持專注。

＊睡一下。

疲憊的大腦就像焦躁不安的松鼠，渴望追逐一切，完全不管當下追的到底是不是真的橡實。睡眠越充足，就越能一心一用，把事情做好。

＊把想法或待辦事項寫下來。

如果有些想法一直讓你分心，你也擔心自己會忘記，那就直接寫下來吧。

在流理臺或床頭櫃上放一本便條紙（拜託千萬不要在床上一心多用），

一心一用的刻意練習

也許你多年來一直一心多用，甚至會下意識進入這個模式。要改變一個根深蒂固的習慣並不容易，還是不要再增加難度比較好。在沒有壓力的情況下練習能讓我們更有能力在面臨壓力時運用這項技巧。

因此，請選擇你喜歡（或至少不會討厭）且每天都會進行的一、兩個活動，然後專心做這些事。可能是喝茶、喝咖啡、讀早報、搭火車通勤並走到辦公室，或是在學校接送區等孩子放學等。在做這些事時，請關掉收音機和電視，遠離手機，只要察覺到自己思緒飄蕩，就把注意力轉回來，專注於手邊的事。

拿我來說，洗澡和念書給孩子聽是我每天都會做的兩件事。要是沒有專注當下，即便快洗完澡、頭髮也濕了，我還是不記得自己有沒有洗過頭。

至於念故事書，不是我要自誇，我真的可以一邊大聲念故事書給女兒聽，一邊思考自己到底有沒有提醒我先生清貓砂，或是懷疑我的職涯與人生軌跡。這樣做真的很好玩——才怪。翻到最後一頁時，我內心早就充斥著各式各樣的壓力和自我懷疑，情緒地雷變得又大又亮又紅，最後忍不住對孩子發飆，而她們不過是要我再念一個故事罷了。

花點時間把縈繞心頭的想法記下來。我建議你採取美好又老派的方式用紙筆手寫記錄，因為智慧型手機上的待辦清單應用程式就像巨大又老舊的排水孔，會讓你不斷滑手機，螢幕使用時間就這樣匆匆流逝。

*邊做邊講，自我提醒。

單純說自己正在幹嘛就好，要默念或大聲講都可以。「我要走去食品儲藏室拿義大利麵。我把水倒進鍋子裡，然後把鍋子放到瓦斯爐上。」我知道聽起來很瘋，但你越是感到壓力或疲勞，這個方法就越有效。

這種邊做邊講的方式，能讓你好好思考自己在做什麼，這比完全不思考，讓自己陷入無意識的自動導航模式好多了。這個技巧不但能減輕你的壓力，還能提醒你要記得關掉瓦斯爐呢。

*戒斷手機成癮症。

智慧型手機和平板電腦是導致一心多用與父母崩潰的常見原因，所以這裡特別提出來討論。

螢幕上不但會一直跳出可怕的新聞，還會提醒你有什麼沒做，舉凡老闆指派、婆婆交代，還有家長會你要做的事全都躲不過。就算只是在閱讀或觀看一些好笑、暖心的文章和影片，在孩子走進房間的那一刻，你還是會有種煩躁感，彷彿他們闖進了你的現實，而且這個現實比真的現實更棒，因此格外令人惱火。

「遠離手機」是你能為生活與親子教養做出最強的改變之一。所以放下手機吧。應該說，不要和手機共處一室。研究發現，手機光是擺在旁邊就會讓人分心，即便處於關機狀態也一樣。

如果你很難放下手機，不是因為你很軟弱或容易受影響；事實上，大家都半斤八兩。手機應用程式全都經過精心設計，目的是要吸引我們的注意，牢牢抓住我們的目光。有些最聰明、最頂尖的科技人才領了扯到不行的高薪，想出最有效的策略，好讓我們盡可能花時間使用他們開發出來的應用程式，而且他們希望我們三不五時就打開程式，越常用越好。我們花越多時間把三顆閃亮寶石連在一起、點兩下照片，就越有可能看到他們發布的廣告；看到廣告的次數越多，點擊的機率就越大；點擊的頻率越高，就越有可能購買他們的產品。不過，我們不必中計，屈服於這些邪惡的花招和手段；我們可以奪回屬於自己的時間、心智與思維，不用放棄心愛的電子設備。

這裡有十三個入門小撇步，你可以自行選擇，從對你最有幫助的方式著手。

1暫時不讀不回。

提醒自己，無須即時閱讀傳送至手機中的每一封簡訊、電子郵件或新聞摘要，可以晚點再看沒關係，生活中很少有真正需要即刻回應的情況。對，你可能會不時錯過最新消息或孩子同儕遊戲聚會邀請，但換來的理智絕對物超所值。

2關閉鈴聲與震動。

大腦根本不是手機通知的對手，所以把通知關掉吧。除非有人來電或收到簡訊，否則手機不應該發光、震動、冒出叮叮聲或嗡嗡聲。

3設定勿擾模式。

建議大家可以多多利用勿擾模式這項功能。我在工作或與孩子相處時，會把手機設成只有最重要的電話（包含我爸媽、先生或孩子學校的電話）才打得進來。我的手機每晚九點到隔天早上七點會自動進入勿擾模式，所以我整晚都不會受到干擾。

4善用螢幕使用時間功能。

利用手機這款內建程式，iPhone稱為「螢幕使用時間」，Android手機則稱為「數位健康」來監控及限制自己滑手機的時間。這個功能可提供確切數據，讓你知道自己在個別應用程式上花了多少時間。除此之外，你還可以自行設定並限制每個應用程式的使用時間額度，一旦達到上限，就無法開啟應用程式，藉此降低使用的頻率。

5清除令人分心的應用程式。

刪除不需要的軟體，特別是那些容易上癮的應用程式。像我就刪了臉書、推特和我最愛的填字遊戲，因為我真的沒辦法克制自己不玩。哪些應用程式會無謂地耗損你的時間和精力。請誠實面對無法克制自己的現實，趕緊刪掉那些程式吧。

6把手機當成有線電話固定擺放。

過去電話一響，你非得停下手邊的事才能走過去接電話。除非電線超長，否則不可能一邊講電話，一邊在家裡走來走去，做其他有的沒的事。想想你會把有線電話裝在哪裡，然後就把手機放在那個地方。需要打電話或傳簡訊時再走過去使用，其他時候就放在那邊不管吧。

7不要把手機當成萬用機。

手機雖然真的萬用，但也不要這麼做。在流理臺上放一臺收音機，這樣每次想聽音樂時就不用拿手機；想看電子書，請購買專用的閱讀器，不要用手機上的應用程式閱讀；要記筆記或列出待辦清單，請手寫在紙上或筆記本上，不要用手機記錄。

8佩戴智慧型手錶。

對於那些擔心錯過重要電話或通知，又不想被手機上其他事物分散注意力的人來說，智慧型手錶是個不錯的選擇，它能克制你想下載二十七個小遊戲的誘惑，關閉所有不必要的通知，也能把手機放在別的房間吧。

不過，一定要注意手錶會不會讓你分心，成為另一個干擾因子。請對自己誠實，如果會的話就別戴了。

9 轉換注意力。

候診時做別的事，或趁孩子玩得很開心的時候稍作休息、讓自己放鬆一下都很好。

智慧型手機與報章雜誌截然不同，那些閃亮的小螢幕會以激烈頑強的手段緊攫住我們的注意力。若能把不停滑手機刷新動態的時間拿來做自己喜歡且上癮程度小於手機的事，你就會發現回答孩子的問題沒那麼難，進行下一個活動也會變得比較簡單。

10 選擇不會讓你情緒亢奮的應用程式。

若你真的無法克制自己，非用手機不可，那麼就使用那些不會觸發情緒，且成癮度不高的應用程式。

當然這些都不能保證什麼，但選擇的好壞掌握在個人手裡。新聞應用程式和社群軟體絕對出局；冥想應用程式、電子書、數位數獨、填字遊戲和有時間限制的手遊算是比較好的選擇。不過，要是你發現自己躲在浴室裡，拚命想解出含有三個字母的「踩雷王」到底是哪個字的話，請把這類遊戲刪除。

11不要在睡前滑手機。

螢幕強光會讓人難以入睡，干擾睡眠品質，而疲憊正是主要的情緒導火線。下一章會詳細討論這一點。

12千萬不要邊開車邊用手機。

如有必要，請將手機放在置物箱裡。若你需要GPS導航，或是播放播客給孩子聽，請設定完畢後再駛出車道，直至抵達目的地前都不要動手機。如果播客提早結束，那就讓孩子聽廣播，甚至安靜坐著都好。

記住，孩子很快就會自己開車，他們正在以你為榜樣，向你學習駕駛的規矩。

13只在特定時間滑手機。

你不需要完全拋棄智慧型手機（雖然我有些朋友確實重回老式翻蓋手機的懷抱，而且非常滿意），可以在孩子上學、睡覺期間，或在會議間的空檔花幾分鐘滑一下就好。

無論你決定採取什麼步驟，最終目標都是要注意到自己正在分心或試圖一心多用。

同時做很多事或許有其效益，但對大多數的父母來說，這也是主要的情緒導火線。一旦意識到這一點，你就能選擇忽略要洗的衣服，放下手機，專注於手邊的事，就算只有短短幾分鐘也好。一整天下來，這些短暫的專注時刻不僅會減輕你的壓力，提升內在平靜，還能幫助你保持鎮定，降低抓狂的頻率。

給崩潰媽媽的處方箋

- 為了你的理智著想，以下是四個沒得商量、一定要做的練習：一心一用、睡眠、支持與善待自己。
- 改變並不容易，要花很多時間、獲得大量支持和援助才能找出解答，但絕不是天方夜譚。
- 一心多用會耍花招欺騙我們，讓我們以為自己超棒、超有生產力，實際上卻會讓我們失速墜入崩潰的深淵。
- 同時做很多事或許有其效益，但對大多數的父母來說，這也是主要的情緒導火線。
- 短暫的專注不僅會減輕你的壓力，提升內在平靜，還能幫助你保持鎮定，降低抓狂的頻率。

第五章

不想抓狂必做的事

一心一用挑戰成功！現在我們來聊聊該把寶貴的時間和精力集中在什麼地方吧。這一章會深入探索其他三項基本練習，也就是睡眠、支持與善待自己。

好好睡一覺：睡不好的人，人生是黑白的

信不信由你，你的大腦和身體，無法在每天晚上只睡五個小時的情況下正常運作。週末補眠？不，沒這回事。（你是在開玩笑嗎？你可是有小孩欸！）睡覺絕對不是等你死後才可以隨心所欲地做的事。

睡眠不足不僅會影響你的情緒、心理與身體機能，還會擾亂你的判斷力，讓你思緒混沌不明，增加失控發飆的機率。喔，對了，你可能還會喝醉，但不是開心放鬆的那種，而是脾氣暴躁、毫無覺知、愚蠢至極又胡亂抓狂的醉法。

坊間有不少關於「如何睡得更多更好」的建議，然而一天結束之際，不妨讓自己踏入史前時代，回歸原始生活吧。假裝自己是穴居人，睡在漆黑的小山洞裡，差別只在於

枕頭比較多，劍齒虎比較少。

想像一下穴居人的行程表：運動、工作、智力啟發（你是一個識字的穴居人）和亮光屬於白天的活動，夜晚則是冷靜昏暗的時刻，適合做些不會刺激神經系統的事，像是閱讀、做做手工藝、玩紙牌、拼圖（只要你能在該睡覺時收手，克制自己拼完

疲憊的媽媽們，請好好照顧自己

常常睡不好的感覺糟透了。我是過來人，很遺憾你也踏進了這個火坑。希望那些讓你失眠的問題很快就能解決——你會完成重大的工作專案，孩子能一覺到天亮，或是配偶終於不再打呼。與此同時，以下是一些能幫助你度過難關，直至情況緩解的生存小撇步：

* 接受疲憊。疲憊是真實存在的感受，所以不要試著否認或假裝自己能硬撐過去。

* 盡可能降低期望。刪除清單上那些不重要、不必要的事物，先休息一下，之後再說。你可能需要花點時間，沒關係，這是階段性過程，一旦解決了睡眠問題，你就能重返人生，處理那些未完事務。

* 盡可能放慢步調，一次只專注一件事。疲累的大腦無法一心多用。

* 坦承自己的疲憊。告訴孩子發生了什麼事，請年紀較長的孩子幫忙。這樣他們比較不會誤解你的怪脾氣，你也能成為他們的榜樣，教他們以圓融的方式來應對疲勞。

記住，筋疲力盡會讓你無法好好表現、充分發揮自己的才能，你會覺得自己像個瘋子一樣，瀕臨抓狂邊緣，所以別太苛責自己，好嗎？

的欲望就好）或摸摸貓咪都是很棒的選擇。明亮的光線、充滿腥羶色的節目、社群媒體，還有讓自己陷入瘋狂焦慮的行為只會影響睡眠品質，對你沒好處。

在你想為自己晚上狂看Netflix的習慣辯護之前，請先捫心自問：這樣做會不會影響到你的睡眠？如果你可以誠實地說自己晚上睡得很飽，白天也有足夠的精力做該做的事，那就繼續依循既有的步伐無妨。飯後喝杯義式濃縮咖啡，打一、兩個小時的電動沒什麼不對，只要不會干擾到你的日常生活就好。可是如果你難以入眠，飽受疲倦所苦，那就得好好面對並處理這個問題。

以下這些想法能幫助你踏出第一步，緩解睡眠困擾，而且這些點子對你的孩子也有幫助喔！

＊將睡眠視為第一優先。

請把「睡眠」放在「不想抓狂必做的事」第一條。雖然這麼做並不會讓你立刻改變習慣，但每天晚上睡好睡滿八小時，至少能展現出你的決心，表示你願意努力達成這項目標。

＊記錄睡眠時間。

最簡單的方法是追蹤自己的睡眠狀態。你可以買一條漂亮的睡眠追蹤腕帶，或是在床頭櫃上放筆記本，記下關燈和起床的時間。雖然這些測量結果不會非常精確，然而隨著時間過去，你會開始看出端倪，發現一些模式，例如：什麼時候睡得比較多或比較少，就可以找出干擾睡眠的原因。

＊盡量維持規律作息。

養成每天（包含週末）在同一時間睡覺和起床的習慣。這點對長期有睡眠困擾、試著重回作息正軌的人來說格外重要。我們的大腦和身體偏好常規與可預測性，特別是在睡眠方面。不過，若你上的是夜班，幾乎不可能有固定的作息時間，所以盡力就好，感覺疲憊不堪時，請盡量降低對自己的期望。

＊提前做好就寢的各種準備。

你有沒有注意到要讓累壞的孩子換上睡衣有多難？你也一樣。一旦舒舒服服地窩在沙發上就很難起身，是因為你累到不行，疲憊的大腦很難推動身體去完成最基本的任務（如刷牙等）。所以，行行好，幫自己一個忙，讓大家儘早刷好牙、換上睡衣。這樣睡覺時間一到就能直接上床躺平，省下不少麻煩。

＊遠離螢幕和電子產品。

手機或平板電腦發出的藍光會嚴重干擾你的睡眠週期。每次躺在床上盯著螢幕滑手機，都是在對大腦深處發送強烈的雷射警報，要它「醒來，醒來，他媽的快醒來」。晚上暴露在強光下會打亂你的晝夜節律，讓你難以入眠，影響睡眠品質，其中又屬離臉部大約只有十公分的明亮螢幕殺傷力最強。

請改變一下睡前習慣，試著翻閱紙本書，如果真的沒辦法放棄高科技產品，請改用電子書閱讀器代替手機或平板，並盡量調暗螢幕亮度。市面上有各種小技巧和應用程式能讓螢幕變得超暗，卻還是看得見。可以去研究一下你手邊的電子產品。

＊床鋪只用來睡覺和享受性愛。

稍微看一下紙本書很好，「床想」（在床上冥想）也很棒，但千萬不要在床上用電腦。講到床鋪和臥室，你會希望大腦和身體聯想到睡眠，而非試算表與社群媒體。

＊留心睡前喝的所有飲料，咖啡就是其中之一。

你的咖啡因耐受力或許沒有你想的那麼強。很多人（包含我自己在內）下午兩點後都不應該喝含咖啡因的飲品。

此外，酒精同樣也是個問題。酒精是一種中樞神經系統鎮定劑，可以讓大腦和神經系統關機。雖然小酌一兩杯能讓你平靜下來，沉沉入睡，但隨著酒力消退，大腦重新上線，反而會擾亂你的睡眠，甚至讓你半夜醒來。你以為自己睡了一整晚，起床後卻疲累不堪。因此，請小心含有咖啡因和酒精的飲料，呃，應該說所有飲料都要注意，除非你想整個晚上一直起床上廁所，也可能你的膀胱不像從前那麼夠力了。

＊尋求協助。

若你要照顧嬰兒或生病的孩子，晚上必須起床餵食，可以和共同育兒的夥伴（如果有的話）一起排班；將孩子送到家人或保母家暫住；或是跟其他爸媽商量，讓孩子輪流到對方家過夜等。雖然這些都不是長久之計，但可以應付短期狀況，解除突發危機。

以上大部分建議實行起來都很簡單，效果也很好。不過，如果你正在對抗憂鬱症、焦慮症、慢性失眠或睡眠障礙，可能需要額外的支持與援助。若你真的很努力整頓生活、改善睡眠習慣，卻不見成效，請尋求專業協助。可以請醫生轉介你給心理健康專家或睡眠專家，他們有很多好辦法。

尋求外援與支持：育兒不是媽媽一個人的事

我們不可能獨力撫養孩子的同時保持冷靜不抓狂。就算有支持也不太可能做到，所以不要再給自己找麻煩，增加無謂的困擾了。

你需要幫助，我需要幫助，那些看似永遠淡定的爸媽也需要幫助。這並不是因為我們懶惰或無能，而是因為合作是人類的天性，你一定要有後援部隊才行。也許你一直說服自己應當憑自身力量完成一切，或是認為自己的事自己處理、不向外求援的作為是你的最高原則；不過，若你願意早點放棄這類思維，轉而向朋友和／或家人尋求協助，就能早點意識到教養兒女其實沒那麼難，更不會動不動就理智斷線，崩潰抓狂。

定期並經常與友善又能給予支持和鼓勵的成人（可能是配偶、好友或遊樂場上遇到的親切爸媽）相處，不僅能讓你的神經系統冷靜下來，還能讓你的地雷變小、變暗，不容易受到孩子的影響。原因如下：

* 願意給予你支持和鼓勵的父母（尤其是那些認識你和你家人的人），能提供實際的相關資訊和建議，是很棒的意見來源。一旦你對自身的親子教養能力更有信心，就比較不會緊張不安或出現崩潰抓狂的行為。

* 你的好友會幫助你擺脫紊亂的思緒與無謂的想像，把你拉回現實世界。只要你開始耍笨、對情況有所誤解，或是將別人的問題歸咎於自己，他們就會直接提點你，同時向你保證，你不是唯一一個會抓狂的人。這種做法能大大舒緩你的壓力，讓你放鬆身心。

* 當你和自己信任、能讓你感到安心的成人在一起，神經系統就會自動冷靜下來。當你明白就算一切陷入崩潰，身邊還是有其他足以勝任、解決問題的後援部隊，你就會覺得教養變得比較簡單，沒有想像中那麼難。

* 與喜歡的成年人共度時光是一件很幸福、很快樂的事。只要覺得開心，就不會被恐懼纏擾，或是失控發飆。

除了育兒夥伴（如果有的話）外，理想的支持系統還包含三個群體：專業團隊、戰友和好友。這群人有時會重疊，有時不會；有些人是你有小孩前會約出來一起閒逛的對象，有些則不是。不管怎樣，他們都很重要。

• 專業團隊：生活中的各領域專家

專業團隊指的是具有專業知識，可提供協助或付費購買服務的人。例如醫生、治療師、律師、小兒科醫生、托育照護人員、教練、老師、神職人員等。

有時你可以選擇自己的專業團隊成員，有時不行，通常是因為網絡外的醫療服務不在保險給付範圍內，或者是你家和辦公室之間只有一間托兒所。在這種情況下，請盡量善用手邊的資源。雖然不理想，但這就是人生。

不過，如果你可以選擇邀請哪些

交給專業人士來接手

「你無法教孩子每一件事。那不是你分內的工作。」我奶奶幾年前對我說了這句話。她是高中數學老師，也是七個孩子的媽。當時我一直在抱怨教女兒游泳有多難，她沒有要我加倍努力，反而鼓勵我找其他人教。後來我幫女兒報名了游泳班，她們也學會了游泳，而且我每週還多出三十分鐘不會被逼到抓狂邊緣。

就算你是專業老師、治療師、小兒科醫生或營隊負責人，教導、治療或不斷娛樂孩子也不是你的責任。這種角色混淆現象會增加家裡的壓力，剝奪孩子向他人學習的機會。若有找到信任的專家後，就讓專業的來吧。

警告：如果孩子患有慢性疾病或殘疾，必須在家自學或進行居家護理，那獲取支持與盡可能保有個人空間、讓自己喘口氣對你來說更是格外重要（詳見第七章）！

專家加入團隊，請找那些願意支持你的教養方式，並在你走錯方向時提點你、引導你的人。你需要的是可以建立長期關係的夥伴，當你不知所措時可以信任他們的專業。

我不是醫生，但我們有小兒科醫生，所以當我不知道如何應對女兒的症狀時，我會照她的指示去做。雖然這聽起來很理所當然，但在現今的「完美親子教養」文化的影響下，我們很容易認為自己應該了解一切。請盡量改變這種思考模式，放下壓力，讓真正的專家幫助你。

• 戰友：挺你到底，和你站在同一陣線的夥伴

你的戰友，也就是由在地人與志趣相投的父母所組成的延伸社群。如果你回家發現孩子不斷嘔吐，可以請他們幫你去拿處方箋；如果孩子在學校操場上玩，可是你上班快要遲到、不得不離開時，可以請他們幫忙照顧你的孩子。關於戰友，以下幾點必須謹記在心：

＊不要低估這些人的力量。他們可以用不同的方式幫你救火、解決問題，但你必須先

克服內心的障礙，那就是「主動開口尋求幫助」，這一點也不丟臉，再說你的請求或許同樣對對方也有幫助。每次只要戰友聯絡我，都等於是在提醒我，我不是唯一一個無法獨力完成這件事的人；讓我有付出和回饋的機會；讓我可以開口請他們幫忙，太棒了。

* 你必須也得互惠付出。每次遇到麻煩時衝進來拉你一把不是他們的工作，也不是成為社區的一分子必須得這麼做。若你希望他們一而再，再而三地提供協助，自己卻毫無付出，做出同等回報，那他們最後就不會再回你簡訊了。就算你的車不夠大，無法共乘，你還是可以用散步的方式帶孩子去公園玩、舉辦遊戲聚會，或是在鄰居請病假時登門送暖，幫忙準備一些食物也行。

* 這些人可能是你的好友，可能不是，就算這樣也不要緊。你可以跟不同的人建立不同的關係，並不是每個人都能成為你的朋友圈成員。即便如此，大家還是可以彼此照應，互相幫助。

• 好友或死黨：真心支持你、安慰你的人生旅伴

這些人會在你快要對科學老師暴走發飆前好言相勸，讓你冷靜下來；在你只想一邊大哭一邊喝咖啡時把你拖離沙發；毫不猶豫回覆你晚上十點傳的簡訊；不會因為你要過來就整理家裡。他們就像你不知道自己需要、但在收到時卻會開心到不行的可愛小禮物，為你的生活增添了許多美好。

簡單說個關於我最好的好友的故事。有一天，我帶著大女兒去她們家玩。當時我女兒大約十個月大，她的女兒大概兩、三歲。那時的我不停在疲憊、焦慮與寂寞中掙扎，非常需要和懂得這些感受的人聊聊。我唯一想做的就是和我朋友在她的廚房桌邊喝咖啡，所以我讓女兒坐在沙發上，和她的孩子一起看電視。

幾分鐘後，我們聽見物品掉落的砰咚聲，緊接著是一陣哭聲。原來是我女兒從沙發上滾了下來，跌在柔軟的地毯上，好在人完全沒事。我親了她幾下，把她抱回沙發上後，接著回廚房喝咖啡。

過了幾分鐘，又發生同樣的事。砰咚，哇哇大哭。我走進客廳，親親她，沒事沒

事，讓她坐在沙發上，又回到咖啡和朋友身邊。

然後是第三次。我朋友看著我，眼神中不帶任何論斷或諷刺（老實說我不曉得她是怎麼做到的，要是我一定會笑到崩潰），溫和地提出建議，說我女兒可能還沒準備好獨自一個人坐在沙發上。當然，她說得沒錯。可惡，我真的很想好好喝那杯咖啡。

你可以從這些瑣碎的片刻發現誰才是你真正的好友。就算你真的又瘋又蠢，他們也不會讓你有這種感覺。他們是真心地支持你，與你同在。比方說，他們會在你需要帶孩子去看語言治療師，或接受注意力不足過動症評估時提醒你，而且不會讓你覺得自己很失敗。如果你在和他們相聚後感覺更平靜、更有自信、連結更緊密，內心充滿力量，那他們就是你的好友。

另一方面，若你在遊樂場上和其他爸媽相處了一個下午，發現自己被困惑、羞愧或懷疑團團包圍，這些人也許是當天諸事不順，所以把壞情緒傳染給你，又也許他們根本就不是你的好友。我不是說他們是混蛋或你不應該再和他們出去，而是下次你要準備舉行週末夜討拍派對時，他們不會是你第一個打電話或傳簡訊聯絡的對象。

• 家人：是戰友，但也可能是扯後腿的人

現在我們花點時間討論一下家人的定位吧。在理想的世界裡，家人既是好友也是戰友，但不屬於專業團隊。就算你媽是讀寫專家，你哥是牙齒矯正醫師，也只能在緊要關頭去詢問他們的意見，其餘的就交給其他專業人士吧。

有些家庭幸福美滿，有些卻亂成一團，但大部分都算不錯。然而，有時家人就是無法提供援助，無論是因為死亡、癮症、功能障礙或其他各式各樣原因，導致他們不是你的好友，也不是你的戰友，甚至你覺得自己根本無法信任他們，根本不願把孩子交由他們照顧。這種感覺真的很糟。你不僅沒有家人的支持，可能還得利用有限的時間和精力來應付他們的問題。對許多父母來說，這是非常主要的導火線。

重要提醒：在母親節、父親節和其他有關家庭的節慶假日期間，請遠離社群媒體。那些完美的父母和快樂的手足全家福合照會瘋狂引燃你的情緒，點亮你的地雷。

你可以為此感到難過沒關係，適當發洩也是好事。少了家人的支持對親子教養來說是一大損失。接受現狀的同時，也要花點時間好好消化、感受一下，大哭一場，這樣或

許能稍稍鬆解心中的結，減輕那種被困住的感覺。接著你可以重新回到支持系統，和你的好友、戰友與專業團隊連結，一起解決親子教養難題。

•尋找能與你一起作戰的後援團隊

接著來談談建立與維持育兒支持系統的方法。你可能很會帶小孩，也可能一輩子都在親子教養的苦海裡掙扎，或是像我一樣，發現成為父母就像踏入一個全新且充滿挑戰的世界，不但要搞清楚自己想連結的對象，還要找出建立關係的方法。這裡有些建議可以幫助你踏出第一步：

*釐清自己的要求與需求。

了解自己，知道什麼方法對你有效，摸清自身的地雷與情緒導火線。提供與接受援助的方法有很多，應該盡可能做出對自己來說合理的選擇。

例如：我不能忍受遲到，遲到會讓我大為光火，暴走抓狂，趕時間的時候我非常容易對女兒大吼大叫。我很清楚這一點，也知道自己無法徹底扭轉這種情況。當另一個媽媽問我想不想一起共乘時，我做了一個焦慮的媽媽唯一會做的事：我開始跟蹤她。不是「鏡頭對準她的房間窗戶拚命拉近」的那種跟蹤，而是開始留意她早上送孩子到校的時間。等到我很有把握，認為她屬於準時一族後，我就答應和她一起共乘。

我不是說遲到很糟糕，只是我個人無法忍受遲到這件事。一開始先婉拒共乘總比同意後才發現對方常常遲到來得好，不然到最後我只會瘋狂對孩子發飆，對共乘的爸媽惡言相向。這雖然不是他們的錯，但這樣真的不行。

這個建議不僅適用於你的戰友，也能幫助你挑選合適的專業團隊成員，還能讓你找到好友。雖然我們已經成年了，有時還是會有種高中生的感覺。也許你覺得其他爸媽嫉妒你、排擠你，但你現在是個大人，有能力選擇不被這種無聊的爛事影響。重點不在於誰人緣最好、最有錢、最漂亮，還是推著最可愛的嬰兒車，而是在於那些能不假思索地引用你最喜歡的電影台詞來回應你，在你心情不好時逗你大笑，當孩子於遊樂場上表現得像個混蛋時不會對你妄加批判的人。你越快了解、掌握自己的風格，就能越快找到合拍的好友。

＊開口請求協助。

沒有人會讀心術，大家都跟你一樣忙著控制情緒，不讓自己抓狂。最糟的情況就是被拒絕，對方也完全有權力拒絕；最好的情況是對方答應幫忙，這個答案不管從哪個層面來看都很棒。

＊現身行動。

想和支持網絡建立連結，就必須親自現身，付諸行動。替孩子安排約診，親自帶他們去看醫生，而不是請保母或外婆帶；兒童醫院是你能認識專業團隊的好地方。如果可以，親自接孩子放學，於課後練習時間在場外走走，不要坐在車子裡滑手機；校園是尋找戰友的絕佳地點。如果你想認識更多好友，挪挪你的屁股，參加終極飛盤遊戲、宗教服事或讀書會；參與友人的募款活動；替剛生小孩的鄰居送餐；傳送愚蠢的動圖簡訊給過得不太好的朋友。

你出現的次數越多，就會覺得自己與他人之間的關係更緊密，而對方也會有同樣的感受。

＊尊重自己的界線。

你不可能有求必應，時時伸出援手。不是因為你很失敗，而是因為你只是時間與資源有限的凡人。除此之外，你也不可能跟每個人都處得來。你的生活中總有幾個身影會讓你覺得很煩，他們可能會不時惹惱你，甚至直接激怒你。也許他們讓你想起那個過去老是欺負你的哥哥或姊姊，也許你不喜歡他們跟你孩子說話的方式，也許你根本不曉得他們為什麼讓你那麼焦慮，那也不打緊。接受並尊重這一切。拒絕沒關係。

假如你來者不拒，就會浪費自己的能量，為太多人做太多事，進而導致壓力爆表，情緒一觸即發，最後回家對孩子失控發飆。所以不要這麼做。你可以說「不」、「不，謝謝」、「抱歉，我沒辦法」、「現在不行，請晚點再說」，或單純的「不，不，不，不」。

如果你沒辦法為了自己勇敢說不，那就為了孩子說吧。每次拒絕不合適的邀約或要求，都是在減輕內心的壓力，消除生活中的情緒導火線，降低抓狂的機率。與此同時，你也是在為孩子示範，教他們如何設下適當的個人界線。

＊盡可能保持仁慈與善良。

無論什麼事，只要多多練習，就會變得更熟練、更上手。只要對他人友善，就是在練習仁慈，很快的，善待自己與孩子就會變得更簡單。

讓我澄清一下：你可以在保持友善的情況下拒絕他人請求，堅守自我界線。仁慈與好人、總是說「好」或挖洞給自己跳完全不一樣。保持友善的意思只是對眼下的情況多點同理心，不要當個爛人。再次強調，這是非常好的親子教養策略，就算你在排隊拿試吃餅乾、滑手機或是逛街，還是可以對孩子展現仁慈，承認、正視他們的感受，抱抱他們。

練習的時候，請務必將自己加到「值得善待」的名單裡，因為你值得。

善待自己：媽媽們，請對自己好一點

在我研究心理學與社會工作的十多年生涯中，從沒聽過「自我」和「慈悲」這兩個詞連用，一直到我開始尋找遏制抓狂傾向的方法，我才知道原來還有這個概念。幸好，「自我慈悲」並不是那種甜如糖漿的強迫性自愛，而是要注意自己正處於艱難的時刻，選擇用一點溫暖和良善來回應自我。記住，你不是唯一一個會抓狂的人。

自我抨擊完全是言語虐待，其實我們可以用另一種方式來回應自己。我就走過這樣的心路歷程。在意識到自己自責的行為之前，我一直認為自己是個很失敗、很不稱職的媽媽。幸好，世界上還有另外一種更好的方法。你不需要時時刻刻反省，默默提醒自己夠好、夠聰明。請試試看以下由研究善待自己的專家克莉絲汀・聶夫博士（Dr. Kristin Neff）所提出的三大步驟：

1 注意到自己的自責行為。

注意力是非常強大的力量，我們會在第八章深入探索這個主題。一旦意識到自己有多常在精神上進行嚴厲的自我批判，你一定會很震驚。不要無視這件事，也不要深陷其中難以自拔，還有，千萬不要為了自責而自責。只要注意到自己歷經了艱難的時刻，而且自我回應的方式很爛就好。

2 用回應好友的方式來回應自己。

想像一下，如果有個親密好友打電話給你，抱怨自己過了一個很糟的夜晚，還詳述所有細節，說自己徹底失控抓狂，並對此深感羞愧和內疚，你會說什麼？我希望你不會說：「對啊，你超爛。你真是個糟糕的父母，一點也不稱職。管他的。欸，對了，你有沒有試過拿一盤布朗尼和一瓶葡萄酒蹲坐在地上，不要去想其他爸媽為什麼這麼會教小孩，你卻這麼失敗呢？」

你不會對別人這麼說，所以也不要對自己這麼說。請試著對自己仁慈一點，例如：「沒關係，養小孩真的難得要命。我只是個普通人。優秀的父母也會經歷糟糕的時刻。我要深呼吸，喝杯茶，孩子會沒事的。」你可能會發現殘酷的想法再度浮上心頭，那完全正常；只要堅持善待自己，弄假直到成真，最後你就會開始傾聽內在的聲音。

此外，這也是一個提醒自己注意其他壓力源的好時機。我們很容易忘記生活中各種理智斷線，及其他瘋狂的問題會連帶衝擊到我們的親子教養能力。情緒失控會讓人變得目光短淺，所以請花點時間好好了解一下目前所需處理的一切。艱困的處境只會讓人生變得更難。你並不是在真空狀態下養兒育女，處處都有影響，請將這一點牢記在心。

3 記住，你並不孤單。

這句話能翻轉一切，徹底扭轉情勢。我不曉得人類的大腦究竟出於什麼原因、經歷了什麼樣的演化過程，居然能夠欺騙我們，讓我們以為自己是唯一一個飽受煎熬、深陷痛苦時刻的人，但它確實做到了。

你可以打電話給你哥哥或最好的朋友、去看治療師、回頭閱讀本書第二章，或是用Google搜尋「如何停止對孩子大吼大叫」的方法，如果螢幕上顯示出八千三百萬筆搜尋結果（我說真的），就表示世界上還有其他人為了親子教養與情緒控管問題苦苦掙扎。你不是怪胎，更不是失敗的父母。你只是一個凡人。歡迎來到抓狂爸媽俱樂部，很開心有你的加入。

•善待自己練習的四個重點

如果你從來沒練習過善待自己，初次嘗試一定會覺得超怪。這有點像用你幾乎不懂的語言說話，很難找到正確的詞語，就算找到了，講話時還是會結結巴巴。加油，撐住。多多練習後，做起來就會比較簡單了。練習過程中，請注意以下幾點：

1 如果不知道該說什麼，就試著對自己好一點。

如果孩子在你身邊，而且處於清醒狀態，請盡力而為。你可以跟他們說：「嘿，孩子，我覺得有點煩，所以需要一點安靜的時間。我們休息一下吧？」然後讓他們自己看書、看電視或用電腦。至於你，可以窩在柔軟的毛毯裡，看喜歡的書，寫寫日記，為自己泡杯溫暖又好喝的飲品，傳簡訊給那個總是挺你、能逗你笑的朋友，躺在客廳地板上伸展身體，聽你最喜歡的歌，或是翻看幸福甜蜜的照片，照片中的你們都很平靜，沒有人抓狂。

2 慈悲是一種技巧，練習的次數越多，做起來就會越上手。

如果對自己仁慈太難，那就從周圍的人開始。在沒有壓力的情況下練習善待他人，例如簡單抬頭、微笑，向雜貨店店員打招呼。常常對陌生人微笑，能讓你在滿腦子只想掐死某人時比較容易冷靜下來，切換到友善模式（包含善待自己）。

3 看看身邊有哪些人能幫你提升表達慈悲心的能力，多和他們相處。

找出那些會用支持和理解來回應你的困境的人，並與他們建立良好的關係。對象是誰並不重要，只要他們能用同情心與接納來回應，不會拚命批評、論斷你就行了。

4 在無壓力的狀態下練習。

抓狂時你很難展現善待自己，但這時偏偏是最需要這樣做的時候（詳見第九章）。在面對小失誤和小出醜時好好善待自己，能幫助你做好準備，應對最艱困的挑戰。

請盡可能保持慈悲心與同情心。這種心境能幫助你在崩潰後平靜下來，降低日後對孩子抓狂的機率。良善來自前額葉皮質（也就是成熟的大腦），當你讓這部分的大腦上線，就是在抑制邊緣系統的力量，拒絕讓這個在顱骨內到處跳來跳去的瘋狂小孩掌控你的言

慈悲的進階練習

如果你想把慈悲心練習提升到另一個層次，可以試試看「慈悅冥想」（Metta，意為慈愛）。這概念源自佛教傳統，但非常貼近生活，可以因應個人的靈性或宗教習慣做調整。

慈悅冥想的做法是反覆默誦美好的幸福想望，將祝福傳遞給自己和他人。誦念內容有很多種變化，以下是我的個人分享：

「願我幸福，願我健康，願我平安，願我活得安逸自在。」

每當我因為孩子的緣故感到沮喪，我就會把慈悅祝福傳遞給她們：「願你們幸福，願你們健康，願你們平安，願你們活得安逸自在。願你們給我一點空間，好讓我不會掐死你們。」

雖然當下那一刻我不覺得對孩子有愛，但練習慈悅冥想能讓我冷靜下來、集中思緒，至少能分散我的注意力，以免對孩子暴怒大吼，瀕臨抓狂邊緣。

你當然也可以把祝福傳遞給奶奶、郵差或寵物倉鼠。重點不在於接收者，而是展現慈悲心與同情心。你也可以在獨處、與孩子一起消磨時間或狀況岌岌可危時進行慈悅冥想。

你可以把慈悅冥想當成仁慈版的打擊練習。想提升自己的棒球打擊能力，就去打擊籠裡一顆接一顆地打；想讓自己變得更善良、更有慈悲心，那就一遍又一遍地練吧。一切始於我們的思想，思想會影響我們的行為。喔，對了，慈悅冥想還有一個額外的好處，能有效簡化、集中你的思緒，讓騷動的神經系統冷靜下來。

行舉止，進而縮小情緒地雷，這樣下次孩子伸出手指準備按下地雷時，你就不會那麼敏感了。

給崩潰媽媽的處方箋

- 睡眠不足不僅會影響你的情緒、心理與身體機能，還會擾亂你的判斷力，讓你思緒混沌不明，心情糟糕透頂，增加失控發飆的機率。
- 養成每天（包含週末）在同一時間睡覺和起床的習慣。這點對一直以來都有睡眠困擾、試著重回正軌的人來說格外重要。
- 定期並經常與性格友善又能給予支持和鼓勵的成人（可能是配偶、好友或遊樂場上遇到的親切爸媽）相處，不僅能讓你的神經系統冷靜下來，還能讓你的地雷變小、變暗，不容易受到孩子的影響。
- 「自我慈悲」是要注意自己正處於艱難的時刻，選擇用一點溫暖和良善來回應自我。
- 請盡可能保持慈悲心與同情心。這種心境能幫助你在崩潰後平靜下來，降低日後對孩子抓狂的機率。

第六章

不想抓狂應做的事

本章還有能讓你在那些小小踩雷高手逐漸逼近時冷卻情緒、保持鎮定的練習。我希望你把這些練習看成「不一定要做但最好還是做」的事。為了達到最佳效果，你應該努力做、盡量做，越多項越好，越常做越好。這些練習沒有特定排序，包含極簡生活運動（simplify）、舒展筋骨（stretch）、尋求寧靜（seek silence）、放慢腳步（slow down）、常說謝謝（say thank you）和呼吸（breathe／suck air）。不過，還有一個「適時與孩子拉開距離」（space from your kids）的練習會在第七章另做詳細說明。

若能做到以上七個練習，就能大幅降低你對孩子抓狂的頻率。

極簡生活運動：簡單，淡定，不抓狂

任何形式的混亂都是情緒導火線。太多東西，太多選擇，太多計畫，太多資訊和太多想法都會讓身心不堪負荷，將我們推向崩潰邊緣。一旦空氣中或地板上的球過多，我們就會感受到壓力，就算這些球暫時不需要我們注意，或是和我們的生活沒有直接關係，都還是會慢慢侵入我們的意識，奪取我們的感知。

極簡生活能讓你變得更冷靜，更不容易被激怒。雖然許多人把極簡生活和「讓東西更少」的斷捨離概念連結在一起，但這個概念並不僅限於此。你還可以透過以下方式來緩解壓力，改善焦躁不安的情況：

* 定期刪減必須處理的選擇與決策。
* 整理行程，減少自己要做的事。
* 減少接收的資訊量。
* 冷靜與集中思緒。

• 整理：打掃雜亂的生活環境

整理家裡、減少環境雜亂是個不錯的起點。周圍的東西越少，需要處理的垃圾就越少，你會更容易在需要的時候找到東西，也能有更多的錢花在真正想要、需要的事物和經驗上。就算沒有處理這些垃圾，光看就會讓你備感壓力。市面上有許多關於清理雜亂

如何減少孩子製造出來的混亂？

有些父母覺得控制孩子製造出來的混亂很容易，但我不這麼認為。如果你的看法也和我相同的話，這裡有七個建議能幫助你處理孩子留下來的生活「殘骸」和雜物。

1 克制自己想用禮物表達愛意的衝動。把禮物當成愛的象徵，應該不是你想給孩子的價值觀吧？而且太多玩具也會讓孩子不曉得該玩什麼、怎麼玩。

2 如果孩子年紀還小，可以趁他們不在的時候整理一下東西。但千萬不要把他們心愛的小毯子、小玩偶或其他具有特殊意義的玩具送人，除此之外，請盡量轉送沒問題。

3 隨著孩子長大，可以教他們如何整理環境。所有他們拒絕放棄的垃圾都必須留在自己的房間，或是只能占去一半或三分之一的房間。

4 找一天全家大掃除。只要所有人都參加，孩子就不會覺得你是故意找他們麻煩。

5 若孩子很難放棄不再使用的東西或不會再穿的衣物，請試著妥協，找出平衡點。讓他們把東西放在箱子裡，貼上名稱與日期標籤，然後收進儲藏室、閣樓或地下室；若他們一年內都沒有說要用這些東西，請跟他們討論一下，把這些東西丟掉。如果還是很難，請再試一年。

6 在儲藏室中放置捐獻箱，要求大家每天或每週在箱子裡放一樣東西。等到箱子裝滿後，和孩子一起將箱子送到當地的捐贈中心。

7 不要再準備什麼生日派對回禮了！如果我們這些父母能團結一心，就可以發起擺脫這種邪惡陋習的運動，讓地球免於垃圾禍害之苦。

的書籍和網站，選一個喜歡的照著做吧。

● 選擇：太多選項並不會幫助你做出最好的決定

過多選擇和決定是生活中另一個主要的混亂與壓力來源。不得不做出太多決策會造成兩大問題，導致我們疲憊不堪，進而引燃內在的情緒。這是第一個選擇悖論。

我們認為自己在面對多種選擇時一定會選擇最好的選項。錯。選擇越多，我們就越懷疑自己的選擇，開始思考是不是應該選其他選項，最終對結果感到不滿。解決這個問題的訣竅是要懂得滿足，聽起來好像很厲害，實際上不過是判斷、決定某樣東西夠好罷了。大多數情況下，「夠好」比「完美」更好，因為完美並不存在，追求完美只會把自己搞瘋而已。

第二個問題是決策疲勞。一天中必須做出太多決定，甚至那些看似簡單或不重要的決定，都會耗損心力，讓我們筋疲力盡，增加未來決策的難度。我們的前額葉皮質目前還沒演化到能長時間不斷運轉，所以會變得疲乏。這就是為什麼我們會發現自己呆呆地盯著冰箱放空，完全無法決定晚餐要煮什麼的原因。

除了整理家裡，丟掉不要的東西外，不妨考慮一下，限制自己每天必須做出的選擇與選項數量。方法如下：

＊注意自己在什麼情況下可能會和孩子意見相左，陷入選擇戰，並限制選項範圍。

選一種款式的兒童練習水杯、一雙運動鞋或一種口味的果凍就好，只要孩子沒意見，就繼續維持相同的選擇。把孩子抽屜裡非當季的衣服拿出來，丟掉那些把你搞瘋的書籍或玩具。不過這只有在孩子還小的時候才能這麼做，所以抓緊機會好好享受吧。只要不會讓你抓狂，形形色色的物品是能為生活增添樂趣。

＊盡量放手讓別人決定。

讓孩子或育兒夥伴自行決定他們生活中那些你不在意的選項。每個人都渴望自主管理自己的生活，特別是孩子，他們幾乎整天都得聽父母的指令做事。孩子還小的時候，可以讓他們決定那些你根本不在乎的事，比方說要穿綠色或藍色內褲？先練鋼琴還是先洗澡？想去潘娜拉麵包店還是加州披薩廚房？

隨著孩子逐漸成長，請放手讓他們做出更多決定，自行承擔後果。總之不要再把家庭生活中的責任全都攬在自己身上。

＊在有壓力時別做選擇。

你很難在感到疲倦、急忙出門或被煩人的孩子纏住、無法脫身時做出決定，所以最好事先擬定計畫，以備不時之需。

你可以在週日晚上、週二上午，或是有十分鐘可以呼吸和思考時想好本週菜單，叫孩子在晚上先選好隔天要穿的衣服。試著注意自己在什麼情況下會一再陷入選擇或決策困境，看看能不能騰出一段比較平靜，又沒有壓力的時間來解決問題。

＊用「規定」取代「選項」。

制定規則，有需要的話可以掛在牆上或記下來。我們家裡有一條「週六禁止使用螢幕時間」的政策，這條規定沒有討價還價的空間，表示我和我先生不必浪費寶貴的週末時間和精力，去爭論女兒到底能不能看《芭比之夢幻豪宅》（Barbie's Life in the Dreamhouse）卡通影集的問題。

＊規則是全家人都要遵守，不是只針對孩子而已。

有次我邀請一個媽媽來學校參加晚會，對方很有禮貌地婉拒，說她平日晚上都不出門。我完全不覺得被冒犯，反而還對她這種滿足自身需求的能力，與清楚且尊重他人的表達方式印象深刻，並從中獲得許多靈感和啟發。

• 事情太多：你的行程會把你搞瘋

絕對會觸發情緒的第三個混亂來源是「做太多事」。生活中有太多小事、義務、課外活動和其他計畫，長期忙碌不僅不利於你的身心運作與整體幸福，更會對孩子帶來負面的影響。他們需要的休息時間就和你一樣多，也可能會用跟你一樣的方式來回應壓力，也就是大崩潰。以下是一些簡化行程的建議：

* 不要因為你可以就答應。

就算沒有理由，還是可以禮貌婉拒生日派對或家長聚會邀請。如果願意，你可以主動安排一場小朋友遊戲聚會來彌補，但也不一定要這麼做。

* 以大局為重。

安排行程時請查看本週或本月還有哪些計畫。時間看起來還好嗎？如果要安排大型活動，或是你已經忙到不行，請格外謹慎，好好思考一下新增的行程內容會不會造成你的負擔。

* 孩子的課外活動不要排得太緊湊。

根據經驗，每週安排兩次活動就好。你選一個，孩子選一個。

* 你不需要每次練習或排練都在場陪孩子。

你可以安排共乘，送完孩子後就去辦點事、喝杯咖啡，讓自己放鬆一下。

＊你的行程會隨著孩子成長而改變。

雖然你現在暫時無法完成每一件事，但是幾年後，你能做的會更多。

＊看開點，就放手吧。

你現在沒辦法完成每一件事。如果你週復一週不斷順延本週老是未完成的待辦事項，或許是時候把這些事移到「孩子搬出去後就能完成的事」的清單上面，會比較妥當。

•資訊太多：你真的不需要知道每一件事

我們生活在一個資訊爆炸的時代，不必要、充滿矛盾或令人難受的消息都會讓你感到困惑、無法專心，進而增加你的壓力。你可以先試著做出下列改變，再檢視一下自己的想法：

＊選擇一到兩個新聞來源，每天看個兩、三次就好。

我每天開車去學校時都會聽廣播新聞；我有個朋友每天早上都會看報紙。如果你不得不看電視新聞，請保持冷靜，不要被這些二十四小時輪播的消息影響。

＊不是每個人都適合使用社群媒體。

下次滑手機、輕觸螢幕時，請注意一下自己的想法和感受。你有覺得更快樂，與世界的連結更緊密嗎？還是感到焦慮、困惑、惱火或是被激怒呢？考慮到社群媒體的本質，這些反應都很合理；你永遠不知道自己什麼時候會看到完美的父母照片、某人英年早逝的消息，或是爛到不行、可能隱含著過時或錯誤資訊的標題，觸發了你的情緒。

我不是說你應該停止使用社群媒體，但如果這是你的導火線，請仔細思考、注意一下自己登入的時間，減少使用的頻率。我身邊有些朋友確實完全放棄社群媒體，而且對結果也非常滿意。

＊慎選自己接觸的資訊。

我女兒最近問我F開頭的髒話是什麼意思。我說我可以告訴她們，可是一旦這個字出現在她們的大腦裡，她們就永遠不會忘記，甚至某天可能會不小心說出來。而且，如果在學校裡說出這個字，即便她們不曉得背後的含義，還是會被叫進校長室，跟校長好好聊聊。經過一番爭執，她們決定還是不要知道比較好。

我之所以分享這個故事，是因為成年人也是如此。不要閱讀和觀看那些你不希望出現在大腦裡的東西。不想一直擔心別人會做出什麼可怕的事，那就不要看《法網遊龍：特案組》（*Law & Order: SVU*）；想擺脫國內政治紛擾，那就把深入探討政治人物的新聞雜誌放下。雖然不能保證這麼做一定能消除你心中的焦慮或沮喪的想法，但這是強而有力的第一步，可以從這裡開始改變。

•想法太多：你的大腦需要放鬆一下

最後，你必須要清理思緒，簡化腦中的想法。即便你打算徹底清潔環境，最後還是會敗給自己的想法。你可能會在突然被懊悔、擔憂、懷疑或混亂的思緒淹沒時，做些像是擦櫃子之類的無害行為；也許你能找出引發這種想法的觸發因子，可能這種想法莫名其妙，不曉得從哪裡冒出來。不管怎樣，這種精神動盪都會增加你的壓力，讓地雷膨脹變大，提高你對孩子抓狂的機率。

雖然你無法控制自己的想法，但你可以選擇如何回應自己的內心，祕訣就在於注意思緒陷入混亂的主因。你是在令人不快的記憶中四處遊蕩，想像那些永遠不會發生的事，還是用毫無助益的方式來批判自己或孩子？你可以解釋一下自己的想法，而非只是注意到它們的存在嗎？你能提醒自己那些想法不是現實，不需要一直去想嗎？

「我們不一定要相信自己的想法」這件事可能會讓你覺得很混亂，但是只要多加練習，概念就會變得更清晰，執行起來也會越容易。

提倡正念的人認為，想要擁有一個更平靜、更快樂的生活，就要培養自己了解內在心神絮叨的能力，保持一定的距離，這些技巧非常重要。重新調配意識與思維的能力對我來說是一個扭轉局勢的關鍵；每當我發現自己在沮喪或困惑中掙扎，我都會唱歌、計算呼吸的次數，或提醒自己當媽媽很辛苦，但我有能力應對這些挑戰。所以你也可以做得到。

除了許多關於正念和冥想的好書外，你也可以參考我的有效策略，擺脫毫無助益的思緒迴圈：

* 專注於手邊的事（「邊做邊講」的方式非常有效）。
* 唱自己喜歡的歌。
* 數到八、八十八或兩者之間的某個數字，然後再從一開始。
* 背自己喜歡的詩或笑話。
* 重複誦念禱詞或真言。
* 學習冥想。練習注意自己的想法，做出選擇，不讓自己深陷其中。（詳見第八章）
* 找出值得感恩的人事物。

無論你選擇什麼想法，你的心智仍會不斷徘徊遊蕩，創造出一些瘋狂的回憶、幻想或莫名的恐懼，是因為我們的大腦會無時無刻不斷思考各種想法。你無須緊張或試著控制思維，重點是要記住，你隨時都可以退後一步，觀察自己在想什麼，決定是否要繼續保留這些想法。你的意識會出現細微的變化，影響力卻非常深遠。

舒展筋骨：身・體・動・起・來

舒展筋骨的重點在於你一定要動起來，有很多方法可以讓你了解，運動如何能讓激動的神經系統冷靜下來。簡單起見，我們談兩種就好。

一旦情緒出於某種原因被觸發，身體就會釋放出壓力荷爾蒙，這是戰鬥、逃跑、僵止或抓狂反應的一部分。運動可以降低體內壓力荷爾蒙的濃度，釋放出神經化學物質，進而緩解疼痛，療癒你的身體。少壓力＋少痛苦＝少抓狂。

此外，只要被激怒，神經系統就會陷入混亂，準備大戰一場、溜之大吉、僵住不動或失控抓狂。一旦神經系統無法執行這些反應，就會變得更加騷動不安，因為它不一定能分辨出「無法做出反應」和「選擇不做反應」之間的差異。

無論出於何種原因，面對真實或感知的危險時無法採取行動，可能會造成嚴重的創傷。選擇不發飆是一個很棒的決定，但有時並不足以讓身體脫離高警戒狀態。若你的身體過於緊繃或是想動一動，那就動吧。它分不出來逃離灰熊魔掌與繞著社區慢跑之間的差別，只是很高興自己的努力終於有了成果，你總算願意活動一下了。

最重要的是：多運動可以減輕焦慮和沮喪感，讓你變得更強壯、更健康。市面上有很多相關書籍、影片、網站、應用程式和播客能幫助你動起來。選一個對你有效的照著做吧。另外，請記住以下幾點：

1 選擇你喜歡做的運動。

有些人喜歡瑜珈或太極拳等需要集中心神的運動；有些人喜歡跑步、舉重或進行循環訓練；有些人喜歡獨自運動，有些則喜歡到健身房上課。我有個朋友每週都會練習高空鞦韆，在半空中盪來盪去，換作是我，我寧願拿我女兒最喜歡的鉛筆戳自己的眼睛；不過他很樂在其中，這才是最重要的。

2 大處小處都要著眼。

提升心跳速率和瘋狂流汗讓衣服濕透，不僅能大幅冷卻你的情緒地雷，還會讓你自我感覺良好，覺得自己做得很棒，這樣很好。

但是千萬不要低估簡單運動的重要性，這些簡單運動整天都能做，例如抬起和放下肩膀，在門廊臺階上伸展小腿，在車道或樓梯上走來走去等。任何身體活動都能防止情緒爆炸，讓你在崩潰期間和風暴過後冷靜下來。

3 找朋友跟你一起散步或去打擊籠練習打擊。

你不但會因為不想成為那個總是半途而廢的混蛋而認真運動，還能藉著這個機會與支持系統建立連結。額外好處多多！

4 用科技讓運動變得更有趣。

我的手腕上戴著健身追蹤器，只要達到目標，螢幕上就會顯示出閃亮亮的小煙火，每次看到這個我都會很興奮，遠超出理性的成年人應該要有的興奮程度。

此外，追蹤器應用程式讓我和一群隨機的人建立連結，看到他們等級比我高就討厭。這種荒謬的競爭心態足以讓我早上有動力起床散步。我先生也安裝了一個可以追蹤鍛鍊情況的應用程式，而且他很討厭看到連續運動的紀錄中斷，因此能每天持續下去。

尋求寧靜：噪音會把你搞瘋

噪音絕對是許多人的情緒導火線。「多虧」智慧型手機、無線耳機和攜帶式喇叭，很多人每天一醒來（有時甚至在睡覺期間）就會被各種聲音包圍。這還只是我們選擇播放的噪音而已，不包含熙來攘往的車流、警報器、狂吠的狗、討人厭的同事，以及永遠忘記要用室內音量講話的孩子。

每天花點時間享受寧靜對我們的理智而言至關重要，其中的原因有很多，像是能減輕壓力、冷卻情緒地雷等。一開始你可能會覺得不太習慣，因為大腦會試著放大思緒音量來彌補噪音的不足，但是只要你開始練習，有意識地選擇如何回應混亂的心智，安靜就會變得越來越簡單。

以下是一些減少環境噪音的方法：

* 關掉電視和收音機。

如果你習慣把電視或收音機打開當成背景音，請試著轉成靜音或每隔一段時間就關掉幾分鐘。拜託請關掉該死的新聞。

＊把手機轉靜音。

只要有人傳簡訊或訊息給我，我手腕上的健身追蹤器就會震動，因此我不必忍受手機的鈴聲、嗡嗡聲或嗶嗶聲。

如果你不想戴智慧型手錶之類的裝置，可以在需要安靜的時候，將手機設成勿擾模式，把重要聯絡人（例如配偶、工作相關人士、孩子的學校等）加進「我的最愛」，設為允許來電的對象。

＊不要講話。

我不是在開玩笑。閉嘴。而且要求孩子也跟你一起做。

安靜時間對我們家來說非常重要，特別是車子裡鴉雀無聲，大家「安靜坐車」的時候。沒錯，這絕對是「有人快要抓狂，那個人可能是媽媽」的代號。後來我女兒甚至開始不時要求說要「安靜坐車」，我倒是每次都很樂意配合。

放慢腳步：真的不需要這麼急

除非即將錯過班機，不然真的不用常常趕時間。「匆忙」這個行為會發送訊息給大腦和神經系統，告訴它們我們必須即刻切換到逃跑模式，無論實際上到底趕不趕。有時我們是因為情緒被觸發所以開始著急，有時是因為與時間賽跑而觸發內在的情緒。總之慢下來就對了。你可以試試以下方法：

＊試著意識到自己在趕時間。

如果你很急，請花點時間好好思考一下自己是不是真的很趕，或者你只是習慣採取這種步調，其實根本不需要這麼緊張。

＊過渡期很容易造成無謂的匆忙。

我們這些父母老是抱怨孩子很不會處理過渡期，完全沒有停下來想想自己在這方面的能力也很差。請注意每次出門或轉換活動時的情況，盡量放慢步伐。

＊給自己多一點時間，特別是當你和孩子在一起的時候。

記住，孩子要花上一些時間才會拉好外套拉鍊，繫好鞋帶，所以至少要給他們十分鐘來完成大約四十五秒就能做好的事。最糟糕的情況下，你會提前幾分鐘抵達目的地，還可以在約定時間到之前去上個洗手間，吃點零食。

＊改善長期遲到的問題。

如果你老是遲到，不是振作起來、再也不遲到，就是接受自己一定會遲到，然後將這個習慣歸咎於中年怪癖或基因缺陷之類。總之不要著急就對了。反正你急不急都會遲到，那不如就別急，然後一如往常地遲到。只要不要跟我共乘就好。

常說謝謝：感恩的力量，超乎你的想像

現在來聊聊感恩吧。我有好幾年的時間完全不把這個概念放在眼裡，甚至還公開嘲

諷這項廣受歡迎的練習，但現在我卻成了感恩的信徒，對其力量深信不疑。這個轉變就和我生活中所有大小事一樣，都是在廚房發生的。

我真的很不喜歡每天早上幫女兒做午餐，給她們帶便當。我幾乎每天都要做這件無聊、煩人又單調的事，為此我抱怨了好多年。

然而，有天早晨，不曉得為什麼，我突然意識到自己有多幸運。我很幸運能住在一個資源充足、擺滿許多新鮮水果和袋裝椒鹽脆餅的雜貨店附近，有足夠的錢購買我們所需的食物。我整個童年時期都在吃用棕色紙袋裝的常溫三明治，可重複使用的保冷袋和多層便當盒的存在讓我大感訝異。我想到自己身體健康，所以每天早上都能順利起床，無須任何輔助就能走下樓梯，想到我的女兒很健康，可以品嘗、消化各式各樣的食物。

不過，我還是不喜歡做午餐，但只要想到有其他更糟的情況，做起來心情就沒那麼煩躁了。自那天早上起，我開始意識到感恩幾乎可以讓所有教養難題變得更好處理。找到值得感激的事物，不僅緩解了我的焦慮和挫敗感，也讓我集中思緒，明察事理，更降低了我對孩子崩潰抓狂的機率。你也可以試著在艱難的時刻，運用以下三個簡單的步驟來表達感謝：

1 意識到自己腦中充滿負面思維。

我們很容易陷入暴躁、焦慮或惱怒的想法中難以自拔，甚至可能根本沒有意識到自己有這些負面想法。注意到這些思緒是改變它們的第一步。

2 找到一些值得欣賞、感激的人事物。

若你能找到和當前難題有關的事物，那很好，但這並不是必要任務。你可以對任何人事物表達感恩，包含房子最近沒有慘遭雷擊、牙齒還好好的沒有掉下來，或是我們生活在一個有衛生紙和微波爐的時代，都很值得感謝。

3 視需要重複執行步驟一和步驟二。

呼吸：你的祕密超能力

每次聽到有人叫我呼吸，我就覺得很討厭。這種說法觸發了我內在那個難搞的青春期自我，我只能壓抑自己的情緒，不要無緣無故發火，把對方臭罵一頓。對我而言，這是一個非常不好的反應，因為呼吸其實是個很棒的建議。

呼吸是交感神經系統（負責啟動戰鬥、逃跑、僵止和抓狂反應的系統）功能中我們唯一能控制的自覺行為。每一次有意識地呼吸，都會進入神經系統，告訴地雷情況一切正常，可以放鬆了。

此外，呼吸之所以很棒還有另外一個原因，它是免費的，你知道該怎麼做，而且也不會出錯。不要一直想自己應該花多久時間吸氣，或是應該從哪個鼻孔吐氣。急促的淺呼吸沒有幫助，但是只要放慢速度、深呼吸，那就對了。你隨時隨地都可以練習呼吸，沒有人會知道你其實是在努力控制情緒，不讓自己抓狂。

最後，整天有意識地呼吸是很棒的方法，特別是當你筋疲力盡、壓力重重或無法和孩子保持距離、享有個人空間的時候。請撐住，繼續呼吸。呼吸是一種非常強大的力量，能讓你好好面對現實。有呼吸，一切就沒事。

好啦，十一項能遠離抓狂的掃雷練習已經做完了十項，這些練習不僅能讓你的地雷變得更小、更暗，更不容易被孩子踩到，還能幫助你在崩潰抓狂後重拾冷靜，恢復理智。請盡己所能將這些練習融入日常生活之中，如果忘記，就做幾個深呼吸，展現慈悲心，對自己寬容一點，踏出重返掃雷練習的第一步。

以上這些練習都有一個共同的關鍵，也就是「注意」。注意到自己疲憊不堪，注意到自己一次做

先照顧自己的心情，才有能力照顧孩子的需求

搭過飛機的人應該都有聽過這句話：「請先把自己的氧氣罩戴好，再幫助孩子。」要是你昏過去，就什麼都不能做。氧氣罩規定可以用來比喻教養中關於「自我照顧」的部分，原因很簡單，如果我們希望有能力專注當下、對孩子多點耐心，就一定要好好照顧自己，這點沒得商量。

雖然我不喜歡「等到飛機墜落時再開始照顧自己」這個想法，但當你快要崩潰抓狂時，這是很棒的策略。一旦驚慌失措，感覺飛機急速下墜時，請伸手抓住氧氣罩，好好呼吸一下。

十三件事，注意到自己明明時間充足卻爭先恐後，注意到自己十年來經常不自覺屏住呼吸。注意力至關重要，然而，如果沒有意識到當下的情況，就無法做出不同的選擇。

我們會在第八章探索注意力這個主題。不過，在這之前我要你注意的第一件事，是你花了多少時間陪伴孩子，以及你是否需要一點（或很多）個人空間。

給崩潰媽媽的處方箋

- 「不一定要做但最好還是做」的事有：極簡生活運動、舒展筋骨、尋求寧靜、放慢腳步、適時與孩子拉開距離、常說謝謝和呼吸。以上練習都能幫助你調整自己，重拾冷靜，為了達到最佳效果，越常做越好。
- 想要擁有一個更平靜、更快樂的生活，就要培養自己了解內在心神絮叨的能力，保持一定的距離。重新調配意識與思維的能力是扭轉局勢的關鍵。
- 多運動可以減輕焦慮和沮喪感，讓你變得更強壯、更健康。
- 每天花點時間享受寧靜，對我們的理智而言至關重要，可以減輕壓力和冷卻情緒地雷等。
- 有時我們是因為情緒被觸發所以開始著急；有時是因為與時間賽跑而觸發內在的情緒。但老實說真的不用常常趕時間。

找到值得感激的事物不僅緩解能焦慮和挫敗感，也能集中思緒，明察事理，更可以降低對孩子抓狂的機率。

有意識地呼吸，都是在提醒神經系統，告訴地雷情況一切正常，它們可以放鬆了。另外，它是免費的，任何人都做得到。

第七章

保持距離，以策安全

深入探索不抓狂的祕訣之前，還有一項練習必須討論，就是減少與孩子相處的時間。具體來說，就是有意識、有目的地運用每分每秒，讓親子時光變得更有意義。

「暫時與孩子保持距離」這個觀念聽起來似乎違反直覺，實際上卻是非常有效的方法，能讓你不對孩子崩潰抓狂。原因有二：

1 孩子不在身邊，你就沒辦法對他們發飆。

2 給自己一點空間有助於冷卻地雷，降低被踩雷的機率，讓你在抓狂後快速冷靜下來。被激怒的次數越多，崩潰的頻率／強度越高，就越需要時間和空間來撫平情緒。

現在的父母與孩子相處的時間遠多於先前的世代，連那些有全職工作的爸媽也不例外。乍看之下，這種高品質的親子時光似乎沒什麼缺點，但我個人仍心存疑慮。不一定要長時間共處才能建立緊密又有彈性的關係吧。

想想看世界上除了孩子以外，你最愛的人——你的配偶、兄弟姊妹、父母或最好的朋友，你會想無時無刻都和他們膩在一起嗎？除非你和對方還在蜜月期，不然答案應該是「不」。你應該會想常常和他們見面，一起度假、散步或聚餐，但也希望保有其他時間，跟別的朋友出去玩，或是單純和自己相處，想想事情，翻翻好書，做喜歡的事才對。

親子關係也是如此。有些親子蜜月期落在嬰兒期，恰好是孩子需要經常與大人肢體接觸的階段。然而，隨著孩子不斷成長，他們開始需要屬於自己的生理和心理空間；他們需要時間了解自我，並透過學習自行解決問題，例如：用紙箱築堡壘、化解與朋友或手足間的爭執等來建立信心。此外，孩子也需要和其他成人相處，學習調適自己，以因應不同的溝通方式、規則與期望，培養待人處事的彈性。

持續關注可能會造成負面干擾，令人煩躁。事實上，孩子並不需要我們隨時陪伴左右，相反的，他們需要我們適應他們的需求，注意到他們很平靜、很快樂，不想被打擾，或是遇到瓶頸，但能自己解決問題，並非需要我們直接的幫助。身為父母，我們需要放慢步調，跳脫自我中心的框架，以不同的角度看事情，才能做出這種細心、周到又積極的回應。

若想要建立緊密的親子關係，重點不在於堅定不移的連結，而是注意孩子當下需要什麼、你又需要什麼，除了盡量讓孩子自行應對外，父母也要盡可能多多關懷、照顧自己。

同樣的，保有個人空間對爸媽來說也很重要。挪出時間進行掃雷練習有助於培養耐心，讓你在與孩子相處時更投入、更專注當下。沒錯，有時你可能會因為缺乏先見之明、沒錢聘請保母，或是在前往奧蘭多的家族旅行途中，因豪雨困在飯店裡無法離開。面對這種情況，你必須想辦法獲取一些心智空間，以免深陷孩子的心理與情緒風暴，並將家庭鬧劇發生的機率降到最低。

我不是說你不該和孩子一起消磨時間。而是現代大多數父母，甚至是有全職工作的父母為了不破壞親子關係，往往選擇「長時間相處」的教養模式，卻做過了頭，以致踏上錯誤的方向，大幅壓縮了自己的空間。

也許你會注意到自己已經好幾天處於崩潰邊緣，因而決定暫時與孩子拉開距離，或是打算和育兒夥伴／朋友商量，週末午後輪流顧小孩，這樣大家都能定期休息，好好喘口氣。無論哪種方法對你管用，訣竅都是「盡情享受」。盡量不要把時間花在擔心孩

沒有足夠的時間來陪伴孩子怎麼辦？

有些父母與孩子長時間相處，導致個人空間不足，但有些父母則恰恰相反。

不常陪伴孩子可能會引起父母內心的羞愧、困惑、懊悔或罪惡感，這些情緒都是很大的導火線。也許你因為工時太長、派駐外地、離婚、身體或心理健康問題，與孩子在一起的時間很少。無論真正的原因為何，都包含了許多情緒觸發因子，例如長時間工作的壓力、戰事創傷，或是關係終結卻又要和前伴侶共同撫養孩子，以致出現活動安排與情感難題等。這些導火線看似與育兒沒有直接關聯，實際上卻會大大影響你的親子教養模式。

若沒有多花點時間陪伴孩子會讓你心生內疚，那你可能也會因為想讓每一刻臻致完美而倍感壓力，要是在所剩無幾的寶貴親子時光中失控抓狂，你心裡的罪惡感就會更重。這些都是很切實、很重要的問題，也是不常陪伴孩子的父母普遍會有的困擾。所以你絕不孤單。

若你對自己的行程有一定的控制權，請盡己所能挪出時間和孩子相處；如果沒辦法，請多多與孩子保持聯繫。假如孩子還小，FaceTime視訊是很棒的選擇，年紀較長的孩子則可以用簡訊聯絡。此外，手寫信別具意義；若孩子喜歡收信，他們可以透過反覆閱讀這些信件來感受親子之間的連結。

還有，就算孩子不在身邊，也請記得多做掃雷練習，好好照顧自己；這種方法不僅能讓你在與孩子共處時盡量專注當下、心定神寧，也能讓你們的關係變得更緊密。

子、房貸或越來越稀疏的頭髮上。暫時離開的目的是讓自己冷靜下來，而不是還沒到家就整個人焦慮不安。

暫時遠離孩子，獲取實質空間的方法

孩子在身邊時真的很難不關注他們，不是不可能，只是很不容易。他們會大聲疾呼吸引你的注意，就算沒有要找你，他們古靈精怪的小把戲也會讓你分心。總而言之，除非真的走出家門，否則根本不可能獲得私人空間。以下是一些入門方法，你可以從這裡開始著手：

＊讓其他人幫忙顧小孩。

例如保母、祖父母、阿姨和叔叔、最好的朋友、年長的哥哥姊姊、托育人員、幼稚園老師等，只要對方是你信任的人就好。如果你負擔不起，可以嘗試建立或加入保母合作網絡，和成員一起輪流照顧彼此的孩子。

＊送孩子去參加小朋友遊戲聚會，並以同樣的方式回饋其他爸媽。

出於種種原因，孩子放學回家和鄰居小孩相約閒晃直到晚餐時間的時代，已經一去不復返（哽咽）；現在的家長多半會安排遊戲聚會。

遊戲聚會這招非常好用，但除非你喜歡和其他父母交流，大家一起消磨時間，否則請盡早讓大家知道你只是送孩子去而已。提前和其他父母報備確認，讓每個人都能理解情況，以免對方懷著不切實際的期待；每次孩子去別人家作客，請另找時間用同樣的方式來回報對方，邀請他們的孩子來玩。

＊單純送孩子去參加社團練習後就離開。

除非你很喜歡坐在旁邊看孩子訓練，或是想和社區打好關係，否則沒必要坐在場邊。如果是後者，請拿杯咖啡坐下，不要注意孩子，也不要發表評論、稱讚或鼓勵，專心跟朋友聊天就好。如果你需要和戰友建立連結，可以短暫停留十分鐘再離開，不然和教練／指導老師打聲招呼後就可以走了。這段時間不妨去散散步、辦點事情或單純在車上等待，享受安靜的片刻。

＊安排共乘。

共乘的好處多多，這樣就不用每次都要開車了。

＊接受協助。

很多父母會拒絕別人真誠的幫助，我自己就是過來人，原因有很多，我已經不記得了，但當時「拒絕」這個選項顯然非常合理。

拜託，千萬不要這麼做。如果有信任的人主動伸出援手，願意幫你帶小孩一個小時、一天或一個週末，請收下這份好意，接受對方協助吧。

與孩子共處時獲取心智空間的方法

也許你試著與孩子保持距離，努力捍衛個人空間，但有時現實情況並不允許，或是當下這麼做並非最佳選擇。你總有與孩子共處一室的時候，也希望大家都能快樂地享受這段親子時光，不過，在孩子身邊並不表示要無時無刻與他們互動。你可以有意識地決定是否要踏入這場活力四射的大亂鬥，這是一種非常強大的力量，能幫助你掌握情緒，保持冷靜。

與孩子共處時，你可以運用下列這些技巧來獲取一些心智空間：

＊不是注意孩子，就是忽略孩子。

與孩子共處時，一心多用不但會讓他們感到沮喪，也會讓你壓力飆高，更容易情緒爆炸。如果你想要或需要一個人好好做事，可以讓孩子在旁邊玩玩具、看書或玩遊戲，不用理他們。你就做你的工作，看你的書，煮你的飯，抗拒那股想問他們在幹嘛的誘惑，不要對他們的一舉一動發表意見。等你準備好投入、專心陪伴孩子，或是他們真的很需要你的時候，就關掉電腦，放下手機，展開親子教養遊戲吧。若家裡有嬰幼兒，請立刻採用這種相處模式，開始訓練他們；你會很驚訝地發現，光是幾個積木或幾顆球就能讓他們玩很久，甚至玩得很開心。

＊讓孩子學習等待。

這聽起來很簡單，但許多父母都做不到。如果孩子在你做晚餐、處理帳單或講電話時跑過來問問題、提出要求，記住，絕對不要同時處理，而是跟孩子說：「請等一下，我事情處理好，很快就去陪你。」

他們不太可能一次就把你的話聽進去，所以你就盡量重複，講十五次都沒關係。也許他們會覺得很煩，但終究還是會適應，也一定會熬過去。學會耐心等候是非常重要的態度，越早開始訓練孩子越好。

＊不要讓快樂的孩子更快樂。

這句話出自演員傑克．布萊克（Jack Black），是我最喜歡的親子教養建議之一。

如果你的孩子很快樂，那就讓他們自己開開心心，不必再去參一腳。不用陪他們玩，陪他們寫作業，不管他們在幹嘛都不用管。抗拒內心那股想問問題、讚美或幫助他們的衝動，抓緊機會好好休息一下，因為他們很快就會需要你了。

＊如果孩子覺得無聊，接受事實就好，放手讓他們自己學會應付無聊。

無聊是生活的一部分，因此他們最好現在就學會如何應對這種情況。他們覺得無聊不是你的問題，你不必解決。若是你花更多時間和精力去娛樂他們，只會讓你的壓力越來越大，心裡越來越煩。要是聽到孩子說出「我很無聊」這句可怕的話，你可以回答：

「感謝告知！」

「如果想找事做，你可以打掃房間／倒垃圾／餵狗／（其他選項）。」

「我知道你一定會想出辦法的。」

「我是媽媽／爸爸。很高興認識你！」

＊讓他們自己想辦法解決問題。

照顧並滿足孩子每一個要求只會讓你累垮而已，若孩子每每遇到一點小困難就要你幫忙，就更令人筋疲力盡。

請努力抵抗插嘴與插手的衝動，給孩子幾分鐘自行解決問題，同時小聲從旁鼓勵咕噥幾句，說他們快做到了。你會很驚訝地發現，往往只要給他們一點時間，他們就能自己打開罐子、繫好鞋帶，或找到喜歡的洋娃娃。

＊抗拒介入每場爭執的衝動，不要老是想當裁判。

無論是手足間的口角還是朋友間的鬥嘴，別急，都先觀望一下再說。不是所有爭執都需要父母居中調停，特別是在他們本身已經出於某種原因情緒波動的時候。你希望教導孩子一些化解衝突的技巧和策略，但也需要給他們一些空間，讓他們自己摸索出解決問題的辦法。

＊盡量不要認為孩子的言行舉止是在針對自己。

這點可能不太容易，因為人生中沒有什麼比親生骨肉更貼近自己了。就算蹣跚學步的孩子一邊看著你，一邊把青豆丟到地板上；就算正值青春期的孩子以你永遠無法想像的激烈方式大吼，說他們恨你，記住，這些言行完全不是在針對你，更不是人身攻擊。

孩子的行為與其說和你有關，不如說是和他們仍在發育的大腦及想法有關。想鎮定心神，保持冷靜，就稍微抽離一點，以客觀的角度來看待這類情況。吸氣，吐氣，由他去。

＊不要捲入親子間的權力角力。

可以的時候說「好」，需要拒絕時說「不好」，不要和孩子爭執。忽略他們的嘮叨和抱怨，不要落入協商談判的迴圈，若他們辱罵你、威脅你，直接無視就好。必要的話可以用手指堵住耳朵拒絕聆聽。

如果他們以冷靜的態度提出合理的論點，你可以看心情改變主意。在這種情況下，你的最佳回應是「你問了，我就回答」，可以簡化成「你問，我答」。一旦意識到耍這些手段沒用，他們就不會再跟你胡扯了。

＊假裝他們是別人的小孩。

大多時候別人的小孩都很可愛。不一定是因為他們真的比我們的孩子更乖、更貼心，而是因為我們無須對他們負責，所以比較容易保持距離，以客觀視角來看待一切。

孩子犯蠢不是我們的錯；他們的言行舉止並不能反映出我們的教養方式，更無關於我們的成就感與失敗感；他們踩不到我們的地雷。如果你可以假裝自己的孩子是別人的孩子，那他們的行為就不太可能觸發你的情緒，影響到你的行為。

＊不要為他們的幸福負責。

讓孩子快樂不是你真正的責任。你的責任是盡可能保護他們的安全，幫助他們成長、成熟，成為身心正常的大人。其中一個重點在於學習如何體會與處理各式各樣的情緒，包含負面情緒在內。讓孩子在不會深陷情緒漩渦的情況下感受、接受自己的感覺是一種非常有效的方法，能讓你稍稍脫離當下的混亂，獲得一些屬於自己的心智空間。

請在孩子需要你的時候陪伴他們、給予他們安慰；記住，心情不好很正常，完全沒關係；好的，不好的，一切都會過去。請記住這句口號：

＊「他們雖然是我的孩子，但他們的問題不完全都是我的問題。」

希望你已經被我說服，明白少花點時間和心力在孩子身上其實是件好事，這種觀念不僅能幫助孩子成長，還能提升你保持冷靜的能力，讓你在親子相處時不會失控暴走。當心靈重獲自由，再加上不斷實踐、投入掃雷練習，應該就能大幅降低你對孩子發飆的機率。

只是人生在世抓狂難免，我們還是會有情緒失控的時候，這也是本書之所以沒有在這裡畫下句點的原因。

給崩潰媽媽的處方箋

- 「暫時與孩子保持距離」是非常有效的方法，能讓你不對孩子抓狂。
- 想建立緊密的親子關係，重點不在於堅定不移的連結，而是注意孩子當下需要什麼、你又需要什麼，除了盡量讓孩子自行應對外，父母本身也要盡可能多多關懷、照顧自己。
- 挪出時間進行掃雷練習有助於培養耐心，讓你在與孩子相處時更投入、更專注當下。
- 用不著花大把時間和心力跟孩子緊密地相處。有時保持一些距離，不僅能幫助孩子成長，還能提升你保持冷靜的能力，讓你在親子相處時不會失控暴走。

第八章

不抓狂的祕訣

我們隨著書中章節一步步探索崩潰抓狂的表現、導致崩潰抓狂的原因和預防的方法，討論大腦與神經系統，看看地雷是如何在導火線引燃的情況下變得更大、更亮、更敏感，並仔細檢視一連串可能觸發情緒的事件和經歷，知道這些因子會讓你更容易受到孩子的把戲影響。除此之外，你還學到了一堆可以讓地雷盡量縮小變暗的掃雷練習，也希望你已經被我說服，認為與孩子保持適當距離對親子雙方都有好處。

了解地雷與導火線的目的是要做好準備，盡可能預防情緒崩潰，不過，你還是會發現自己不時瀕臨爆炸邊緣，甚至墜入抓狂的深淵。我只能說，爛事真的很難避免。

凌晨兩點被尖叫的孩子、嘔吐的貓或腦中該死的想法吵醒，而無法入睡，導致隔天累到無法應付各種情況時，我就會抓狂；朋友的身體檢查的結果不妙、搞砸可能的出書機會，或是被別人從後方追撞時，我也會抓狂。之所以如此，是因為大腦裡既有的神經元習慣難以消亡，就好像我的母語是對孩子發飆一樣，不管我多努力學習新的語言，還是會不時切換成熟悉的模式；之所以如此，是因為有時我的應對技巧敵不過人生危機，就算集結了所有支持，以慈悲善待自己，我的地雷還是會亮，搞得我跟聖誕樹沒兩樣；

之所以如此，是因為有時我女兒發現了一顆全新的地雷，一顆沒有人知其存在的地雷，然後踩了又踩，踩了又踩——好啦，我再度站在廚房裡，雙手撐著流理臺，一而再，再而三地深呼吸，竭盡所能不讓自己理智斷線。

或許你也和我一樣。但幸好你已經做好改變的準備。下次的情況將會有所不同。你、我和地球上每一個家長都知道，本書分享的掃雷練習雖然簡單，做起來並不總是那麼容易。有時真的很難找到時間、空間、精力和支持來照顧自己，若本來就沒有這種習慣，情況就更加艱鉅。

總之，掃雷練習還是值得花點時間和心力去實踐，因為這些策略能降低情緒觸發的機率，讓你注意到自己被激怒，進而停下腳步，放鬆一下，做出抓狂以外的選擇。而「注意」、「暫停」、「做別的事」，就是你發現自己對孩子發飆時最佳的三大應對策略。

現在，我們就來好好探究一下吧。

祕訣1：注意

當你在盛怒之際，瀕臨抓狂邊緣，「注意」是解決問題的不二法門。若你沒有注意到自己快要發飆，就無法選擇冷靜；若你沒有注意到自己在大吼大叫，就無法選擇閉嘴。注意的重點在於自我覺察，而自我覺察就是逆轉勝的關鍵。

這個練習雖然簡單，做起來卻不容易。別誤會；當你在海邊放鬆，孩子於沙灘上快樂嬉戲的時候，很容易注意到夕陽餘暉在地平線上閃耀；很容易注意到雜誌上有篇特別有趣的文章；當我們一次只做一件事，情緒平靜，前額葉皮質（大腦的注意中樞）全速運轉、掌控全場，這時候當然很容易注意到內在世界與外在環境的情況。

同樣的，要注意到尖叫的孩子或震動的手機也不難，只是重點不在於注意，而是如何反應。有些外部刺激會猛然吸引你的目光，觸發你的情緒，這類反應期間所產生的各種情況，就是抓狂的幕後元凶，我們必須竭盡所能地與之對抗，奪回主導權，一心一用就是很好的開始。

情緒觸發的那瞬間，大腦就會立刻切換到戰鬥、逃跑、僵止或抓狂反應。邊緣系統（我們的內在小孩）啟動，前額葉皮質（大腦中的成人）關機，神經系統已經準備好了，我們隨時都能迅速行動，就算面對那些無須身體反應的情緒和心理威脅，我們也會有所回應。就這樣，我們情緒沸騰、焦躁不安，隨時準備採取行動，卻哪裡都去不了。我們已經從注意模式轉變成反應模式，地雷火藥滿滿，準備就緒，等著被引爆。一號小孩開始對二號小孩丟沙，神經系統終於找到遍尋不著的行為出口，於是我們跳了起來，徹底失控。

・如何注意到自己快要抓狂？

注意的訣竅是「在緊張時刻意識到自己的行為」。理想的情況是你會在真的爆炸前就察覺到自己快要抓狂，但實際上你隨時都能在崩潰期間，甚至發飆期間停止動作。大多數情緒失控屬於階段性過程。神經科學家與作家丹尼爾・席格（Daniel Siegel）將這段過程分為觸發期、過渡期、沉浸期與恢復期。

〔第一階段〕觸發期

某些人事物觸發了你的情緒，可能是熾熱的遊樂園裡有太多人無意間觸碰到你；父親的忌日；關於自然災害的新聞，或是其他爸媽放學後在操場上隨口說說的話。也許你會怒火中燒，或單純覺得有點煩；也許情緒會持續短短幾分鐘，甚至好幾個小時，或是你的地雷多年來都處於高度警戒狀態；也許你根本就是顆會移動的地雷。無論實際的細節如何，你都被激怒了。

專注於引燃指標（詳見第三章）能幫助你找出情緒觸發的時間點。我們的身體和心靈會在地雷亮起時展現出特定的行為模式。比方說，焦慮時腦中會突然冒出某些想法；壓力太大時肩膀會開始隱隱作痛；或者你會注意到自己的聲調和語氣不變，像我會用非常簡短的句子來回應女兒，當我開始用「ＯＫ」來回覆她們說的每一句話時，表示我大概再過三秒就會抓狂。

每個人的引燃指標都不盡相同，或許你覺得自己的指標很怪，不用擔心，也不必更動或修正，只要好好認識、理解和尊重就行了。

〔第二階段〕過渡期

你的地雷可能在某一刻被孩子踩到，以致情緒開始進入過渡期，也就是從「不抓狂」慢慢移動到「抓狂」的過程。這時，神經系統會受到刺激，加速運轉，找理由執行戰鬥、逃跑、僵止或抓狂反應。你可能會覺得有點焦躁，或是驚慌失措。

情緒觸發的程度、地雷被踩到的力度和速度，以及你的回應方式都會影響過渡期的時間長短。也許你會在短短幾秒鐘內從冷靜陷入崩潰，但若你能注意到地雷被踩，記得呼吸、走出戶外，或是唱自己最愛的歌，那你說不定永遠不會落入沉浸期。

〔第三階段〕沉浸期

簡單來說就是抓狂的意思，只是說法比較委婉而已。「沉浸於某種事物」和「注意」是相反的概念，所以用「沉浸」二字來描述這個階段非常恰當。

這時神經系統徹底切換到發飆模式，你開始到處放「屁」，整個人大暴走。強烈的情緒壓得你不堪負荷，讓你產生自發反應，做出充滿毒性的有害行為。你知道大吼大叫、用力甩門和亂丟遙控器會讓情況變得更糟，可是一旦失控，就很難冷靜下來，因為你的成人大腦（前額葉皮質）已經離線，改由小孩（邊緣系統）來掌控大局。

〔第四階段〕恢復期

最後，你會筋疲力盡，也許你的育兒夥伴會溫柔地建議你休息一下，這時你可能會對他們瘋狂飆罵，然後氣呼呼地用力踏步走出房間，也許你會看到恐懼的眼淚沿著孩子的臉頰流下來，內心的羞愧與罪惡感讓你難以招架。這是恢復期的開始，在最好的情況下，這時也是調整自己、重拾冷靜與孩子修復關係的好時機。

這段時期非常艱困，因為你的地雷敏感度還是很高，你可能會振作起來、平復心情，或是二度失控、情緒爆炸。我們會在第九章深入討論恢復期該做些什麼，好讓你不會再次抓狂。

• 提升注意力的祕密心法

注意力是阻斷這個循環的關鍵。注意的重點在於察覺當下的情況。有時我們可以保持冷靜，有時卻忍不住失控抓狂，你永遠不曉得自己會有什麼反應。這種情況對孩子和他們的半熟大腦來說很正常，但對我們這些成年人而言一點好處也沒有。

許多人終其一生任憑那些吸引他們注意的人事物擺布，從未意識到自己有「不上當」的能力。每次注意到自己分心、陷入重複的思維迴圈或是被情緒淹沒，我們都可以選擇退後幾步，以旁觀者的角度看待一切，而非跳上舞臺扮演主角。

注意是一種選擇。有時你會察覺到一些像是自己在講氣話等顯而易見的事，不過，那些看似微不足道的時刻也很值得留意。如果你經常不自覺地咬緊牙關走來走去，當注意到自己出現這種情況後，請試著馬上放鬆下巴。一旦這些小小的意識與行為變化累積得夠多，你的生活就會變得更輕鬆、更自在。

提升注意力的關鍵在於練習。若能以客觀的眼光看待一切，注意力就會變得越強。每一次刺激、活化大腦中有助於注意的神經元，都會讓它們連結變得更緊密、更順暢，最後，你的大腦就會更改預設值，在你意識到之前就開始注意周遭的情況。

舉例來說：有一天我遇上大塞車，眼看開會就快要遲到了，我注意到自己變得越來越煩躁，於是便試著讓脾氣冷卻下來，不要胡思亂想，可是我做不到，腦海中不斷冒出負面情緒，我需要專注在鄰近且具體的事物上。最後我選了一樣簡單的東西：剎車燈，也就是前方那一排紅色的圓燈。走出自己的小世界（就算只有一下下），將注意力轉移到思緒以外的地方，讓我意識到會議場地其實就在我眼前。我忙著對塞車生氣，差點就錯過了應該轉彎的路口。

注意是通往冷靜的重要步驟，千萬不要等到壓力臨頭才開始練習。壓力就是危機，我們的大腦在危機中很難，甚至根本不可能學習新的事物。請在輕鬆的狀態下練習，例如躺在床上、喝咖啡或是送孩子到校後坐在車上休息兩分鐘，都是練習的好時機。在沒有壓力的情況下練習的次數越多，做起來就越容易，就算遇上艱難的時刻也能有效發揮注意力。

• 不確定該注意什麼東西時的五種選擇

我們可以有意識地注意任何人事物，不過選項太多反而會讓人不知所措，因此我會幫你縮小範圍。

請試著注意當下實際發生的情況，最好是不會觸發情緒的事物。如果你處於過渡期或沉浸期，請專注在那些看得到、感覺得到、品嘗得到、聽得到或聞得到的東西上。擺脫思緒，與實質的物理世界連結能讓你冷靜下來。你可以從以下建議開始著手：

1 注意自己的想法。

你在想什麼？工作截止期限快到了所以陷入恐慌？孩子不斷咳嗽讓你擔心不已？一直在腦中反覆回顧與朋友的糟糕互動？你不必找出答案或是解決問題，只要意識到自己正在思考，知道自己可以選擇要不要繼續這麼做就好。

2 注意自己的感受。

你的感覺如何？壓力很大？害怕？焦慮？氣到不行？無論你的感受有多強烈、多不愉快，請記住，這些負能量不會永遠持續下去。凡事都有開始，過程和結束，你只需要撐著，直到情緒過去就好。

除此之外，不管你有什麼感覺都沒關係，但你的行為會不一樣。如果不想做出衝動又欠缺考慮的反應，就要先注意到自己的感受。

3 注意身體的狀況。

你是不是一直在聳肩？你的背是不是比快繃斷的橡皮筋更緊？會不會覺得不舒服？你的頭在抽痛嗎？也許你可以動動身體，換個姿勢，放鬆肩膀，做點簡單的伸展運動或吃些止痛藥；也許你束手無策，根本什麼也不能做。

不管怎樣，要是你一開始沒有注意到身體的情況，就無法解決困擾，只會心情緊張、陷入痛楚，情緒沸騰，準備爆炸。

4 注意自己的行為。

雖然「人類可以在無意識的狀態下行動」這個想法很瘋狂，但為了節省資源和能量，我們的大腦確實會盡可能切換成自動駕駛模式。這就是為什麼我們能順利把車開進公司停車場，卻完全想不起來自己是怎麼開到那裡的原因。不過，要是你一次做很多件事，而且壓力越來越大，這種無意識模式就會變成一件壞事。因此，請花點時間注意一下自己在做什麼。

5 注意你的呼吸。

如果你氣到不記得該注意什麼，那就專注在呼吸上吧。注意呼吸是一種非常簡單又有效的方法，能讓你在混亂中保有一些私人空間。你可以放慢呼吸速度，算吸氣與吐氣次數，或是先深呼吸三次都是不錯的方法。

另外還有一點：很多人拚命分散注意力，不去留心眼下發生的事是有原因的。有時現實很殘酷，當下那一刻糟糕透頂。我們的思緒很瘋狂，我們的感受令人害怕，我們的身體不再像以前一樣健康，人生好難，一點也不好玩。

沒關係，那就放下吧。不用覺得自己應該解決問題或急著進行下一步。盡量不要自我批判或對自己感到失望，這些反應只會帶來反效果，讓你精神緊張，無法冷靜下來。記住，一切都會過去。請試著以些許慈悲來善待自己，盡力而為，讓「注意」這件事變得更容易。

進階專注練習——冥想

很多人認為冥想是指清空心靈和思緒，或是盡可能長時間集中注意力。但以本書的觀點來看，你可以把冥想當成進階專注練習，就像去健身房鍛鍊肌力一樣，冥想可以提升大腦的注意力。方法如下：

1 找一個安靜舒適，可以單獨待上兩分鐘到二十分鐘的地方，接著坐下來，將手機設成勿擾模式，並開始計時。

2 選擇欲專注的事物。呼吸是很熱門的選項，但你可以選擇其他能讓你專心的事物。反覆禱告或誦念真言，觀察周遭的樹木，傾聽你能聽見的聲音，或是從一百倒數到一。

3 注意思緒「何時」開始遊蕩，因為你的思緒在短短幾秒鐘內就會飄向遠方。也許你會努力專注當下，或是直接墜入糟糕的回憶深淵，腦中不斷冒出混亂的想法、強烈的渴望或毫無助益的畫面。不要深陷於這些大腦活動難以自拔，也無須探索、質疑或判斷這些想法。不用擔心你的思緒飄到哪裡、飄了多久，只要注意到它在遊蕩就好。

4 回到最初專注的事物上：呼吸，禱告或數數。從停下來的地方繼續，或是重新開始。

5 重複以上步驟，直到計時器響起。

6 隔天再做一次。第三天再做一次。

如果你注意到大腦在六十秒內走神了六十次，表示你的冥想沒有失敗。其實你已經完成了六十次專注練習，而這就是我們的目標。做得好！

注意沒有捷徑；你不是察覺到內在和周遭發生的事，就是陷入混亂的漩渦。不過，有些技巧能降低注意的難度，讓你意識到自己處於思緒混沌的情況。放慢腳步是一個很好的起點，即使趕時間時還是有可能注意到其他事，只是難度會大增。此外，降低噪音也有幫助，無論是收音機、電視或其他東西發出的背景音都會讓人分心。一次只做一件事能讓你輕鬆地注意到內在與外在環境發生的一切。如果你特別容易恍神，可以用敘述經歷的方式來保持專注。

最後，實質的提醒可以讓注意變得更容易。任何能將注意力拉回當下的事物都很有效。例如在口袋裡放一顆光滑的石頭，你可以握住石頭，將注意力集中在觸感上；佩戴串珠手鍊或是能量手鍊來提醒自己專注於呼吸；把最喜歡的掃雷練習寫在便條紙上，或是把要注意的事物列成清單，貼在冰箱上；將喜愛的宗教靈性的圖像或畫作掛在最難注意到的地方。像是我有一個朋友把孩子快樂又平靜的照片貼在廚房櫃子內側，這樣只要她有勒死孩子的衝動，就可以看一下那張照片。

你隨時都能在過程中發揮注意力，只要成功注意到當下發生的事，你就能按下暫停鍵。注意和暫停是觸發期與過渡期間最容易做到的兩件事。一旦意識到自己的地雷變得很大、很敏感，或是被瘋狂亂踩，讓你在崩潰邊緣搖搖欲墜，你就能做出發飆以外的選擇。當然，你也可以在情緒失控期間停止抓狂，但你必須熟練掌握這些技巧才能達到這個境界。繼續練習吧，會越來越簡單的。

祕訣2：暫停

如果「注意」是意識上的轉變，那「暫停」就是行為上的轉變。事實上，暫停是保持冷靜的第一步，只要暫時放下手邊的事，休息一下就好。

我建議你「暫停」而不是「停止」是有原因的。停止聽起來很激烈、很難，而且帶有永久性的意味；相反的，暫停感覺比較和緩，也比較簡單，就像電影看到一半跑去上洗手間，或是在緊張的比賽中喊暫停一樣。暫停是暫時的，表示你尚未脫離當下那一刻，還是要解釋為什麼不應該把擤鼻涕的衛生紙丟得滿屋子都是，或是為什麼不能把黏土塞進兄弟姊妹的手機耳機孔裡，但你可以先冷靜一下，之後再對孩子說明。

你可以自行決定暫停的時間長短。激烈、情緒化或複雜的時刻需要暫停久一點。離崩潰的沉浸期越近，所需的暫停時間就越長。幸好，練習的次數越多，做起來就會越上手，需要的時間也會越來越少。

還有一點很重要：暫停期間，你不曉得接下來會發生什麼事。這點對控制狂來說或許是一大挑戰，實際上卻是件好事。暫停不是要你利用這段時間匆匆找出解法或密謀復仇計畫，如果你這麼做，表示你沒有真正暫停這輛瘋狂的情緒列車，只是切換軌道而已。你其實是暗地裡在為第二回合的失控做準備。

暫停的重點不是計畫，而是要啟動、活化副交感神經系統，給自己一點時間和空間，讓地雷冷卻下來。你可以走到房間另一端，深呼吸，將手平放在廚房流理臺上，描繪手指的輪廓，總之盡力讓自己處於暫停狀態，因為你可以找出解答，回應那個永恆不變的親子教養問題：我現在到底該怎麼辦？

答案很簡單：做別的事。

祕訣3：做別的事

一旦你注意到自己快要發飆，在暫停之後，接下來要做的只有一件事，也就是「別的事」。

做別的事的目的是要讓你冷靜下來，緩解當下的氣氛，以及重新調配積聚的緊張能量。你可以直接用深呼吸、禱告或保持安靜等方式來完成這些步驟，或是採用間接的方法，重新分配情緒能量，把這些精力用在抓狂以外的地方。怎麼做都行，沒有所謂的對錯，唯一的祕訣是找出適合你和家人的方法，而「適合」的意思是「讓你不會抓狂」。

確定哪些方法適合，哪些不適合時，請留心以下幾點：

* 你無時無刻都在練習某項能力，就算是你不想提升的能力也一樣。例如，如果你希望自己不要那麼常大吼，那就不要把臉埋進枕頭尖叫。雖然在床上暴走確實比直接對孩子發飆好，但任何形式的喊叫都不是什麼好習慣，因為這麼做可能會增加你下次瀕臨失控時再度大吼的機率。

＊不要選擇可能會觸發情緒的方法。你可能會想喝酒或滑手機，但這兩種方法都很容易點亮地雷，延長你的觸發期，無法讓你冷靜。如果你不確定該怎麼做，請回頭參考一下掃雷練習，其中有很多都能化解困境，助你度過難關。

＊竭盡所能，善用手邊資源。不必追求完美，因為「不抓狂」才是重點。

• 不過我到底該怎麼做啊？

如果你在瀕臨崩潰的危急時刻，很難想出新的點子，不曉得該怎麼辦時，你可以參考以下建議，或是採用自己的方法。

1 呼吸。

我知道我一直在講呼吸，有點囉嗦，但這個方法確實有效。再說，你沒辦法一邊呼吸一邊尖叫，所以這招真的很讚。

2 離開現場。

只要當下的環境很安全，不會危害到孩子，你就可以離開，就算他們在亂發脾氣也一樣，最好還是保持距離，不要正面對決。

還記得我把女兒放在電視機前的那個晚上嗎？我之所以這麼做，是因為當下我唯一能想到不對她們大吼大叫的方法，就是讓她們看電視。那也行得通。充分利用手邊的資源，必要時盡力獲取一些個人空間。

3 保持沉默。

如果你確定自己開口準沒好話，那就閉嘴。要是真的無法控制自己，請用手摀住嘴巴，至少那些氣話會變得很不清楚，聽起來也沒那麼惡毒。

4 簡化想法。

只要你注意到腦中充斥著與孩子、育兒夥伴或隨便什麼人有關的煩躁想法，請盡量放下這些思緒，不要再想到他們。簡化想法能幫助你撫平情緒，恢復冷靜。若需要參考相關策略，請看第六章。

5 舒展筋骨，活動身體。

你的神經系統早就準備好採取行動了，那為什麼不趁這個機會真的動一動呢？你可以做幾次開合跳、單腳跳、下犬式，或是上下樓梯二十七次。

現在我女兒已經長大了，所以我會出門跑幾圈再回來。我會跟她們說，我需要一點新鮮空氣讓自己冷靜下來，很快就會回來。識相的話最好不要跟著我。

6 將手平放在流理臺上，或是感受一下腳踏在地板上的觸覺。

讓皮膚接觸堅實的表面能讓你覺得更踏實、更平靜。

7 把話說出來，但點到為止就好。

告訴孩子接下來會發生什麼事是消除壓力、化解緊張氣氛的好方法。你可以說：「我覺得壓力很大，快要對你發脾氣了，所以我要冷靜一下。你可以跟我一起安靜地呼吸，如果你開始囉嗦或抱怨，我可能會把你罵得狗血淋頭喔。」（你可以把上面這段話完全照抄拿去用沒問題）。

再次強調，這麼做完全不會貶損你的地位；事實上，你是在示範一種非常有用的行為，讓孩子知道可以用這種方式來緩解壓力。

8 反覆誦念安全口號（有人稱為真言）。

有些人的真言取自上師或精神導師的話語，但你也可以選擇自己喜歡的字句。內容是什麼，現實生活中到底有沒有這種說法，或是來源為何都不重要，只要能幫助你冷靜下來，不會進一步觸發你的情緒就好。

比方說，你可以用「放手吧」（let it go，出自《冰雪奇緣》）或「哈庫那馬他他」（Hakuna Matata，意為「不用擔心」，出自《獅子王》）作為安全口號，只要迪士尼相關事物不會讓你情緒沸騰就好。

9 播放音樂，扭扭屁股。

需要的話，也可以一邊大聲高歌。

10 耍蠢。

幽默是最沒有被充分利用的親子教養技巧之一，大概是因為有些人擔心會破壞自己的父母權威吧。放心，絕對不會發生這種事。相反的，你還能親身示範，讓孩子知道幽默是很有效的方法，可以用來回應困難的時刻。說不定孩子還會被你逗得哈哈大笑，讓你能更快修復親子關係。所以請盡量耍蠢，講講笑話，做做鬼臉，擺出搞笑的姿勢，唱難聽的詠嘆調，像蟲子一樣扭來扭去。

我常常張開嘴巴大喊、發出怪聲、唱歌、胡言亂語或把手舉起來亂揮，完全不在乎別人的眼光。如果真的需要大吼，「乖乖隆地咚」（AY，CARAMBA，卡通《辛普森家庭》裡霸子的口頭禪）的效果很好。

如果你在「做別的事」這一步選擇耍蠢，請注意，別讓幽默淪為嘲諷。現在不是嘲笑、諷刺、惹惱或奚落孩子的時候。在氣氛緊張的時候，這類反應很容易被誤解，甚至讓情況變得更糟。

11 愛自己。

不要苛責自己，多多練習善待自己。提醒自己當父母很難，就算很難也沒關係。記住，你不是唯一一個會對孩子抓狂的父母，也不用做個完美的父母。

12 事先列出你最喜歡的「別的事」清單。

把清單放在冰箱、浴室鏡子或汽車儀表板上，或是倒著寫然後貼在額頭上。當你自我覺察的能力夠強，足以注意到自己瀕臨抓狂，這個方法會大有幫助，只是你對現實的掌握度不夠，無法記住所有除了抓狂之外可以做的事。

注意，暫停，做別的事，以上這些就是不抓狂的祕訣。聽起來很簡單，做起來卻不容易。幸好，只要多多練習，運用起來就會更上手。所以你一定要繼續練習。要是覺得前兩次或十二次嘗試都沒用，請不要放棄，就像學走路或學習新的語言一樣，摔個狗吃屎或講話結巴都是過程的一部分，但絕不是放棄的理由。

即便如此，你還是會抓狂。一定會。雖然強度和頻率都會降低，抓狂依舊無可避免。這種情況常見到親子教養專家甚至還提出了一句方便的小口號：「決裂，修補，重複。」情緒爆炸後的應對方式與再度爆炸的機率有很大的關聯。你可以懷著怒火和高敏感地雷從崩潰中站起來，也可以淡定地帶著極小的抓狂機率從另一個出口現身。冷靜是好事，所以我們把焦點放在「冷靜」上面吧。

給崩潰媽媽的處方箋

- 注意，暫停，做別的事，就是你發現自己對孩子發飆時最佳的應對策略。聽起來很簡單，做起來卻不容易。但只要多多練習，運用起來就會更上手。
- 越常退後一步，以客觀的眼光看待一切，注意力就會變得越強。
- 暫停是保持冷靜的第一步，只要暫時放下手邊的事，休息一下就好。給自己一點時間和空間，讓地雷冷卻下來。
- 當你意識到自己處於抓狂狀態，那就有意識地按下暫停，直到想出其他方法，開始做別的事為止。
- 做別的事的目的是要冷靜下來、緩解當下的氣氛，和重新調配積聚的緊張能量。

第九章

抓狂之後應做的事

現在你抓狂了。接下來該怎麼辦？

細節因人而異，但大多數父母抓狂後都會回歸到三種不同的反應。有些人會因為再次失控而自責，用羞愧與罪惡來懲罰自己。你知道接下來的劇情走向，大概就是「我是糟糕的父母，我搞砸了這輩子最重要的事。我很爛，我的孩子會成為不快樂又不正常的大人」之類的。

有些父母則會對孩子過分熱情，試圖重建關係。他們可能會道歉，讓孩子多用電腦或手機十五分鐘，或是多給他們點心，卻完全避談自己情緒失控的事，也不去探究抓狂的原因。

最後，有些人會開啟所謂的JADED防衛模式，所謂JADED指的不只是厭倦、筋疲力盡和憤世嫉俗而已，這個巧妙的字首縮寫代表辯解（Justify）、爭論（Argue）、捍衛（Defend）、解釋（Explain）和離開（Dismiss）。這是一種內在過程，目的在於合理化自己的失控行為：大吼大叫其實沒那麼糟，孩子跟小流氓沒兩樣，伴侶的班機被取消了，不曉得為什麼和好友的互動變得那麼怪，你膝蓋的老毛病又犯了，孩子的表現特別讓人生氣等諸如此類的事。現在沒有人發脾氣，所以一切沒事繼續過生活，對吧？

當然，這些回應不一定是錯的。孩子有時真的就像小流氓，父母也往往有正當理由覺得「壓力山大」、不知所措。但這些都不是重點。重點是，這些行為出於種種原因，完全不是應對崩潰的好方法。

自我鞭笞的感覺很糟，會讓你的心情變得比之前更差。羞愧感則是情緒死巷，你會覺得自己被困住，不曉得下一步該怎麼走，與此同時，這也是主要的情緒導火線，你可能會重蹈覆轍，再度做出一開始讓你自責的爛行為。同樣的，JADED防衛模式也不能讓你了解情況，知道下一次該做出什麼改變，只會讓你覺得很灰心、很沮喪——沒錯，你猜對了，這種情緒也是導火線。

無視於情緒爆炸或許能幫助你暫時冷靜下來，但你還是一樣無法療癒、成長或改變。更糟的是，無論你用什麼樣的方式（滑手機、吃巧克力、喝酒等）來分散注意力，都會帶來更多的負面影響。

可惜寵孩子並不會降低你抄起棍子的機率。短期來看，這個方法可能會讓親子雙方都覺得好過一點，但根據我多年的經驗，溫熱的軟糖聖代冰淇淋並沒有完全解決任何問題。

撰寫本章時，我在社群媒體上發布了一張寫著「風暴過後」的照片。有些人分享說，他們總是會在發飆後向孩子道歉；我有個朋友也在照片下留言，認為我們應該收起保護傘，面對這場屎尿風暴。我哈哈大笑，天哪！好噁心的畫面。接著我突然意識到這個描述似乎有點道理。雖然風暴結束，但只要我們拚命自責，或是啟動JADED防衛模式、陷入沮喪，就好像我們仍帶著沸騰的情緒氣呼呼地站在保護傘下，任憑那些如屎尿般的負能量滴在身上。真的好噁喔。

既然如此，不如收起保護傘，嘗試不一樣的方法吧。

先讓自己冷靜，回復平靜

也許你認為我會提出一大堆建議，教你如何在發飆後與孩子和好，重建親子關係。

正好相反，復原就和防止崩潰一樣與你的孩子無關，而是跟你、你的地雷和情緒導火線有關，這就是我們要討論的重點。

第一步是冷靜下來。這點沒得商量。你的身體已經被壓力荷爾蒙吞噬殆盡，副交感神經系統需要一點時間才能發揮作用，關閉地雷的電源，讓成人大腦重新掌控大局。如果你急著在情緒沸騰的情況下重建親子關係，最後很可能會引爆地雷，對著孩子破口大罵。只要孩子安全無虞，就先把你的氧氣罩戴好，專心照顧自己。

讓自己冷靜下來的方法很多。呼吸、舒展筋骨、離開現場和讓大腦放空都能讓你急踩煞車，穩定身心。總之只要做別的事都會有幫助。另外，我還有兩種簡單的策略絕對有用，那就是善待自己與好奇心。這些心態不僅在本質上比自責更棒，效果也更好。

•善待自己：慈悲與良善的力量比你想的更強

我希望你盡可能練習以慈悲和寬容來善待自己。要是還沒走到那一步也沒關係，或許你已經開始注意到自己常常在腦海中責怪自己了。注意是非常重要的第一步。一旦意識到自己對待自己的方式很糟，就可以做出不同的選擇，把下面三點牢牢記在心底：

1 當父母對每個人來說都很難。

2 犯錯沒關係。

3 想避免在不久的將來再度抓狂，以慈悲的言行善待自己是最有效的方法。

不用為了對孩子抓狂而懲罰自己。這麼做完全不能解決問題，也無法改善情況，反而還會進一步觸發情緒，讓你更有可能再次爆炸。

善待自己不是要你忽略問題或推卸責任，而是要你注意到自己正在掙扎，提醒自己，你並不孤單，同時好好善待自己，提升自己的心態，這樣你才能清楚思考，做出更好的選擇。

• 好奇心：這不是孩子的專利，大人也做得到

還有另一種方法能讓你冷靜下來，而且是很酷的方法，那就是對自己、情緒導火線還有抓狂保持好奇心。每次你這麼做都是在啟動成人大腦，用慈悲心與同情心對待自

己，釐清到底發生了什麼事，下次又能做出什麼改變，採取不一樣的方式。這和自責、啟動JADED防衛模式或忽略一切完全相反。想想上一次有人對你感興趣，對你的經歷充滿好奇，沒有急著論斷或批判，這種感覺很棒對吧？我敢說，你一定覺得自己變得更冷靜，與世界的連結更緊密，更有自主權，有力量繼續前進。幸好，我們可以用同樣的心態來看待自身經驗，對自己充滿好奇。

好奇心之所以是一種強而有力的方法，是因為它本質良善，同時也是我們獲取實用資訊、了解情況的最佳途徑。你的大腦可能會自動冒出一些老套又毫無助益的謊話，指責你是沒用又糟糕的父母，說你的孩子是調皮搗蛋的小流氓，但現在你已經看穿了這些花招，不會輕易上當。相反的，當你展現出好奇心，花點時間觀察並注意自己的感受、想法和經歷，就會比較容易想起自己已經三天沒睡，你爸媽還拚命傳簡訊給你，炫耀他們的年度醜毛衣派對。一旦意識到這一點，你就可以選擇把手機調成靜音，好好睡一下，兩種回應都比沉湎於自憐來得有效。

厲害的還不只這樣。好奇心同樣也是擺脫恐慌的絕妙良方。每當地雷閃閃發亮，或是你開始胡思亂想，深陷暴躁、惱怒和快要抓狂的心態難以自拔，就用好奇心來對付一切吧。

要是你氣到無法清楚思考自己的行為或感受，可以做點能刺激大腦、引發好奇心的事，例如猜謎語、拼拼圖，或是掃掃地（沒錯，打掃也是一種好奇心練習，特別是你和孩子住在一起的時候，你必須仔細檢查地板，不然就是再掃三遍），就算沒有獲得任何相關資訊，也能冷卻地雷，安撫情緒。好奇心和慈悲心一樣屬於前額

抓狂前、中、後，問自己的七個問題

一旦你冷靜到能清楚思考後，請發揮好奇心，自問以下七個問題：

1 我在想什麼？我有什麼感受？

2 身體狀況如何？覺得筋疲力盡？疼痛不舒服？需要吃東西、喝水或是攝取咖啡因？

3 觸發情緒的導火線是什麼？生活中發生了什麼事？

4 抓狂跟時間或日期有關嗎？最近有沒有什麼會讓我備感壓力的重要節日或活動？

5 我要怎麼讓自己冷靜下來？我現在需要什麼？

6 我的孩子需要什麼？他們為什麼要激怒我？他們累了、餓了，還是生病了？

7 我可以打電話或傳簡訊給誰尋求協助，讓自己喘口氣？

葉皮質的功能。每次對事物感到好奇，都是在活化前額葉皮質，降低自己再度抓狂的機率。

一旦冷靜到能對自己的身體、情緒和想法感到好奇，就放手去做吧。肩膀緊繃嗎？想逃離現實嗎？想自己一個人去海邊嗎？還是變得煩躁不安，放大檢視孩子的一舉一動？不管出現什麼反應都不要任意批判，或是對自己感到失望，只要注意，保持好奇心就好。隨著你對抓狂和自身情況有更深的洞察，你就會更了解自己該留意什麼，包含警訊在內，這些警訊會在你下次快要失控時提醒你，要你保持冷靜。

如果你注意到自己整天都覺得很孤單無助、壓力很大或不堪負荷，請找人聊聊，主動尋求支援和支持。要是你心中惴惴不安，認為自己的抓狂行為可能和童年或過去的經歷有關，請不要無視或假裝這些都不是真的，這些想法與感受都會不斷觸發你的情緒，直到你好好正視、認真處理為止。

提出問題很難，找到答案更難。天哪，甚至弄清楚要問哪些問題也很難。不過沒關係，不知道無所謂，你也不必自己想破頭。閱讀親子教養書籍和寫日記能幫助你琢磨、反思自身經歷。記住，你可以找專家幫忙，舉凡治療師、諮商師、輔導員和神職人員都受過專業的好奇心訓練，一旦你找到適合的對象，你就會感到心情平靜，充滿連結感，不會覺得自己遭批判或審問。

重建親子關係，與孩子和好

我說過，抓狂風暴結束後一定會討論如何重建親子關係。雖然這本書的重點是你而不是孩子，我們還是會稍微聊一下這個主題。

崩潰過後確認孩子的情況、和他們談談非常重要。亂發脾氣會讓每個人都覺得很困惑、很難受，而且孩子也和你一樣情緒波濤洶湧。不過，他們的神經系統尚在發育，因此慢性壓力或關係頻繁決裂，會對他們帶來長久且有害的影響。此外，情緒被觸發的孩子更有可能踩你的地雷，你不會希望發生這種事，特別是當你努力保持冷靜，不讓自己再度抓狂的時候。

與父母和照顧者重新連結是一種強大又有效的方法，不僅能讓孩子冷靜下來，恢復理智，還能幫助你重建親子關係。和孩子聊聊可以讓他們了解發生了什麼事，這樣他們就不會做出各種錯誤假設，像是認為這都是他們的錯，他們是糟糕的孩子等等。

與你的孩子重建關係的方法百百種，「道歉」就是一個很好的開始。沒錯，你絕對百分之百可以向孩子道歉，完全不會損害自己的權威或是改變家中的權力結構。道歉不僅能強化親子關係，也能讓孩子更尊重你，更棒的是，你還親身示範，做出希望他們練習的行為，百利而無一害。

此外，為自己的行為道歉不等於孩子沒做什麼蠢事或沒踩你地雷，也不表示對話到此為止，或是道歉後完全沒有任何規範和限制。不過，你必須先暫時擱置那些問題。如果孩子小小的大腦和身體依然充滿壓力荷爾蒙，就沒辦法把你說的話聽進去，也無法清楚思考、吸收你想教他們的東西。因此，請等到大家都冷靜下來後，再進行這些重要的討論。要記住這個概念很簡單：先連結，再導向。冷靜下來，對孩子道歉，好好處理自己的問題。

只是，千萬不要這麼說：「對不起，我對你大吼大叫，但我已經說了很多次，不要在家裡丟那顆該死的球，你就是不聽。」「對不起，我生氣了，可是你真的很煩，你到底想怎麼樣?!」

加入「對不起」三個字並不會自動把普通的句子變成道歉。以上兩種假道歉不過是包裝後的抓狂。如果你嘴裡說出的是那些假道歉，那你最好轉換心態，重新開始「注意，暫停，做別的事」。等到真的恢復冷靜，你的道歉才有意義。

• 如何好好地向孩子道歉？

有意義的道歉通常包含三個部分：

1 對自己的行為負責。擔起應負的責任。

2 向對方說「對不起」。就這麼簡單。

3 制定計畫，繼續前進。說明你會做出什麼改變，以及這些改變會帶來什麼好處。

舉例來說：「對不起，我對你大吼大叫。看到你沒把鞋子穿好，我覺得很沮喪。但是大吼大叫很不好，我真的很抱歉。或許我們可以互相幫忙，成為一個團隊，你努力聽話，我努力不要大喊。好不好？」

關於道歉，其他注意事項如下：

＊你可以辨識或承認自己的情緒，但不必為自己的感受道歉。

你不必為自己覺得煩躁、灰心、疲憊或其他情緒而感到抱歉。任何情緒都沒有錯，不管有多負面、多令人討厭都一樣。但是，你需要為自己的行為道歉。區別「感覺」和「行為」的不同對你和孩子來說都很重要。感受負面情緒而不對其有所反應是一種非常強大的力量與人生技能，你或許得多多練習才行。

＊不要做出無法兌現的承諾。

不要說你「再也不會發飆」，因為這不太可能發生。但是你應該制定計畫，盡可能繼續前進。這種知道接下來會發生什麼事的可預測性能讓大家變得更冷靜、更理性。至於計畫內容不必包含什麼偉大的人生藍圖，只要能讓你撐到睡覺時間就好。

＊克制會說太多或解釋太多的衝動。

請盡量簡潔明瞭，說該說的事就好。太多的言語或解釋只會模糊焦點，讓孩子一頭霧水。孩子在生氣的情況下完全聽不見你在說什麼。必要的話，你可以等到情緒過去，大家都冷靜下來後，再花點時間談談孩子在事件中所扮演的角色。

＊如果覺得道歉很難也沒關係。

道歉對很多人來說都不容易，但是練習的次數越多，做起來就越輕鬆。你一定會有很多練習的機會。

如果真的覺得很難，可以試著在道歉時避開眼神交流，例如：和孩子一起並肩坐在沙發上；站在廚房流理臺旁邊又不會離他們太遠的地方；在車上道歉等。待在孩子身邊卻不看著他們，或是占據他們的空間能有效緩和、降低當下的緊張氣氛，通常都會有所幫助。

＊注意自己是否期待孩子做出特定的回應（如道歉、擁抱等）。

假如沒有得到回應，你就會開始緊張，焦慮不安。表示你可能還沒冷靜下來，而且有再次爆炸的危險。不要抱怨或責怪他們為什麼不道歉，說他們要對自己的行為負責等等，這只是另一種形式的抓狂，無濟於事。

離開現場，深呼吸，喝杯冷水，播放音樂，給自己一點時間冷靜下來，做好準備，然後再試一次。

雖然重建親子關係可以從道歉開始，但不必就此結束。重建關係的需求程度取決於幾個因素，包含崩潰抓狂的強度和持續時間，以及你們最近的相處情況如何。例如：你們有沒有好好享受親子時光？或是你因為工作、家庭或經濟問題壓力太大，導致無法專心或沒時間與孩子相處？你和孩子越疏離，就越需要控制自己的脾氣，盡量專注當下，保持耐心。

‧其他建議

風暴過後重建親子關係有很多種方法，重點不在於強迫孩子和你相處，而是要彼此協調，也就是盡力同步覺察孩子的情況，並從那裡開始著手。

你可以觀察孩子回應與處理壓力的方式，想想過去哪些方法有用，哪些沒用，並從中汲取教訓。你了解孩子的感受，知道他們可能需要什麼，自己又能怎麼參與嗎？有些孩子需要抱抱，有些想玩遊戲或看書，有些只要一起在廚房裡吃吃點心，或是扭扭屁股，就能大幅減輕他們的壓力。

不過，有些孩子可能更喜歡自己一個人畫畫、看書或是在外面玩。也許你的孩子需要一點時間好好放鬆，重新整理自己，也許他們還是很難過、很生氣，無論如何，尊重他們的需求，給他們一點空間。記住，此時的重點不在你，而是在關注孩子的需求，做出同等的回應。

你也一樣。你必須注意自己的需求，決定什麼時候、用什麼方式好好照顧自己。有時你會覺得難以取得平衡，但只要多多練習，做起來就會更容易。比方說，你覺得自己已經準備好道歉，卻還是有情緒，就視需求給自己多一點時間和空間。如果沒辦法騰出個人空間，那你可以放慢腳步，一次專心做一件事，多多深呼吸，這樣做也行。

如果你可以擁有適當的個人空間，孩子也到了可以理解的年齡，請告訴他們發生了什麼事。你可以說：「我覺得很累，很生氣，但我不想再大吼大叫了。我需要一點時間安靜一下。我休息的時候你可以自己看書或玩玩具嗎？」你這樣說並不是在逃避教養責任，也沒有做出什麼無禮的行為，你是在好好照顧自己，讓自己成為一個更棒的父母，同時親身示範，教孩子用你期待的方式來應對情緒。

保護與滋養親子關係的最後一步就是竭盡所能降低再次抓狂的機率。「決裂，修補，重複」確實是親子關係的循環，但無論你多努力修補，太多有害決裂都會削弱你和孩子之間的連結與信任。每次情緒爆炸後，請花點時間思考，反省一下發生的事。自我覺察是邁向改變的第一步。觸發情緒的因子是什麼？最近掃雷練習的狀況如何？接下來兩天需要做出哪些改變以處理或減少導火線，好好照顧自己？你需要什麼樣的長期計畫？請對自己誠實，不要自欺欺人；只有面對現實，接受挑戰，才能採取有效行動。

現在不是批判或責怪自己的時候。這麼做只會適得其反。最好的方法就是展現好奇心與善待自己，這兩種心態能幫助你獲得前進所需的清明思緒與洞察力。記住，你不是糟糕的父母，你只是在沒有正確資訊、資源和支持的情況下做這件困難的事。幸好，一切都會有所改變。

恭喜！你看完一本親子教養書了！這件事進一步證明你的確是很棒的父母，就算你最近才對孩子抓狂也一樣。我們探索了很多資訊，從崩潰背後的神經科學，到我還沒申請專利又非常強效的「注意，暫停，做別的事」策略全都一網打盡。希望這本書能鼓勵你做出一些改變，開始尋求支持、練習一心一用或調整3C產品的使用時間；若你覺得不知所措，不曉得該從何著手，那也沒關係。

改變並不容易，特別是在你已經有六個月沒好好睡覺的時候。我懂，真的，這就是為什麼我歸納出本書重點，提供入門建議的原因。你只要翻頁就好。

與此同時，記住，當父母對每個人來說都很難，大家都有崩潰的時候，你絕不孤單。試著用你希望能給孩子的耐心和慈悲心來善待自己吧。這是一個很好的開始。

給崩潰媽媽的處方箋

- 如果你急著在情緒沸騰的情況下重建親子關係，最後很可能會引爆地雷。總之，先專心照顧好自己再說。
- 不用為了對孩子抓狂而懲罰自己。這麼做完全不能解決問題，也無法改善情況，反而還會進一步觸發情緒，讓你更有可能再次爆炸。
- 讓自己冷靜下來，最簡單的兩個方法是：善待自己與好奇心。這兩種心態能幫助你獲得前進所需的清明思緒與洞察力。
- 善待自己不是要你忽略問題或推卸責任，而是要你注意到自己正在掙扎，提醒自己，你並不孤單。同時好好善待自己，你才能清楚思考，做出更好的選擇。
- 運用好奇心是我們獲取實用資訊、了解情況的最佳途徑。幫助自己找到抓狂的原因。

- 道歉是一個與孩子重建關係的好方法。不僅能強化親子關係，也能讓孩子更尊重你。
- 保護與滋養親子關係的最後一步是，竭盡所能降低再次抓狂的機率。
- 當父母對每個人來說都很難，大家都有崩潰的時候，你絕不孤單。試著用你希望能給孩子的耐心和慈悲心來善待自己吧。

・終章・

給崩潰媽媽們的小叮嚀

本書討論了很多東西，所以在本章整理出一些簡單的重點摘要，之後你可以直接複習，不必重看整本書。

本書十三大重點摘要

1 親子教養這件事，「搞砸」和「很棒」並不互斥。

2 當父母對每個人來說都很難。如果沒有正確的資訊，缺乏適當的支持和休息，就很容易失控抓狂。這並不是因為你是糟糕的父母，而是你只是個凡人。

3 你無時無刻都在練習某項能力，就算是你不想提升的能力也一樣。

4 目標是進步，不是完美。完美不一定好。

5 每個人都有情緒導火線。導火線指的是任何能讓地雷變得更大、更亮、更敏感、更容易被踩中的事物，會讓你更容易對孩子抓狂。

6 孩子可能既是導火線，又是踩雷高手，但考慮到本書立場和你的理智，請將孩子視為踩雷王。

7 找出導火線是降低其影響的第一步。先覺察和接受，才能採取有效行動。

8 四項能冷卻地雷且非做不可的掃雷練習是：一心一用、睡眠、支持和善待自己。

9 六個掃雷練習可以幫助你在面對混亂時保持鎮定：極簡生活運動、舒展筋骨、尋求寧靜、放慢腳步、常說謝謝和呼吸。

10 你必須適時與孩子拉開距離，以保有身體和心靈上的空間。適當休息能讓你更有耐心、更有能力專注當下，降低抓狂的機率。

11 一旦瀕臨發飆邊緣，或是處於崩潰狀態，你要做的就是注意，暫停，做別的事。

12 抓狂後永遠都有機會重新振作，好好調整自己。善待自己和好奇心是非常強大的方法，能讓你在情緒爆炸後冷靜下來，重建親子關係。

13 親子教養問題嚴肅到不能用嚴肅的眼光來看待。盡可能一笑置之囉。

控制怒氣十二招

請拿出紙筆，這樣你就能一邊讀，一邊寫下腦中的想法或點子。擺脫混亂的大腦不僅能幫助你釐清思緒，還能讓你在盛怒時依舊記得導火線和掃雷練習，知道自己該去做別的事。

以下建議大致遵循本書的順序，但你不必照本宣科地練習，盡力就好。

1 放棄令人沮喪又毫無助益的「糟糕的父母／孩子」的觀念。你必須在六十分鐘內放下這些想法六十次，這樣總比深陷其中好。

2 列出情緒導火線清單。複習第三章（如有必要，請查閱書末的潛在導火線清單），思考生活中的大小事。注意每次對孩子發飆時的情況。記住，生活中其他導火線會讓地雷變得更亮、更敏感，更容易被孩子踩中。

3 注意你的導火線引燃指標。你怎麼知道地雷閃閃發亮，等著被踩？你的臉頰發燙？呼吸急促？肩膀高高聳起？還是變得煩躁易怒？辨識並找出引燃指標是讓自己冷靜下來的好方法。

4 多多練習一心一用。一次只做一件事可以減輕壓力，降低你搞丟鑰匙和亂發脾氣的機率。選擇喜歡且每天都會進行的一兩項活動（淋浴、喝咖啡、念書給孩子聽、運動等），並在過程中盡可能專注當下，讓身心一起同步，特別是在與孩子共處的時候。

5 制定計畫，列出所有不抓狂該做的事。多睡一點？每週有一個晚上請保母來顧小孩？開始練習感恩？哪些練習能有效幫助你應對導火線？目前最可能解決的問題是什麼？記住，改變需要時間，而且很不簡單。如果遇到挫折或失敗，請不要過分苛責自己，這樣你才能輕鬆站起來，重新開始。

6 適時與孩子拉開距離，保有個人空間。與支持系統和育兒夥伴（如果有的話）討論，找出最適合你們的方法。記住，這不僅對你有好處，對孩子有好處，對你們的親子關係也大有幫助。

7 注意，暫停，做別的事。注意到自己快要爆炸／正在爆炸／已經爆炸時，你就得需要保持冷靜，以便重建關係。注意力是你的超能力，能創造出神奇的時刻，讓你可以暫停，呼吸，冷靜下來，做別的事。

8 列出「做別的事」清單。複習第八章，寫下你覺得有用的事，再把清單貼在冰箱上、鏡子上和孩子的額頭上，經常檢視清單。

9 記住，即便做好完美的防備，你還是會抓狂。風暴過後，你可以採取一些措施來減少再次失控的機率。「善待自己」是重要關鍵，請寫下幾句你會對苦苦掙扎的好友說的話，然後對著自己說，提醒自己，當父母對每個人來說都很難，每個父母都有崩潰抓狂的時候。

10 你可以對自己和孩子的情況展現出好奇心。發生了什麼事？你在想什麼？你有什麼感覺？你需要什麼？他們需要什麼？你上次吃東西是什麼時候？上次入睡一覺到天亮是什麼時候？上次做好玩的事是什麼時候？你現在可以做什麼來好好照顧自己和孩子？請務必按照順序：先顧自己，再顧孩子。

11 重建親子關係。讓自己冷靜到可以道歉後再道歉。記住：「決裂，修補，重複」、「先連結，再導向」。

12 如果所有方法都失敗，記住，不是只有完美的父母才是好父母，就算是最優秀的模範爸媽也會不時失控抓狂。你可以做得到的！

長到不行的潛在導火線清單

如果你很難識別、找出自己的情緒導火線，可以參考一下這張超長清單。希望這張清單能幫助到你，不會讓你「壓力山大」。一旦注意到自己陷入恐慌、焦慮難安，請停止閱讀。放下書本，摸摸貓咪，呼吸新鮮空氣，等心神狀態比較好之後再回來讀，花點時間細想一下地雷被點亮的原因。無論身處一般情況或面對艱難時刻，這都是通往冷靜之道的第一步。

個人基本需求

- 飢餓和／或餓到生氣
- 缺乏規律的運動鍛鍊
- 休息時間、閒暇時間或獨處時間不足
- 睡眠不足、疲勞和疲憊感
- 飲食失衡：花椰菜和球芽甘藍吃太少，垃圾食物和其他有的沒的吃太多

感覺敏感度

- 生活或工作環境凌亂
- 混亂
- 音量大或突然出現的噪音（聲源可能是你的孩子）
- 明亮或閃爍的光線
- 強烈或難聞的氣味（臭味來源可能是你的孩子）
- 強烈或難吃的味道
- 肢體接觸過多或過於頻繁（對象可能是你的孩子）
- 質料粗糙、穿起來不舒服、令人發癢或綁手綁腳的衣物
- 快速或難以預測的動作
- 身處擁擠的人群之中
- 身處狹小的空間
- 溫度太冷或太熱
- 沉浸在負面或強烈的情緒（例如憤怒、悲傷、焦慮、沮喪、無聊、懊悔、恐懼、哀痛、困惑、內疚、羞愧、怨恨、喜悅、興奮、期待和愛）

壓力與不堪負荷

- 注意力不足（例如經常分心、做事雜亂無章、缺乏條理等）
- 長期的慢性壓力、煩惱和倦怠感

- 老是著急或處在趕時間的狀態
- 永無止盡的工作、家務和生活瑣事
- 忘記、遺失、掉落或弄壞東西
- 個人生活、育兒生活和／或職場生活中缺乏支持
- 一心多用，特別是涉及到孩子的時候
- 行程爆滿與長期忙碌
- 沉迷於手機，常常盯著螢幕滑個不停

社群媒體壓力

- 看到意外的壞消息
- 想起痛苦的回憶
- 發現自己錯過／沒有受邀參與社區或社交活動
- 因為他人的發文或建議，而質疑自己的教養方式與決策
- 在不適當的時間想起自己的弱點與致命傷（例如別人全家出遊度假、享受奢華時光的照片時，讓你想起當前所面臨的財務壓力）
- 不斷接觸可怕、令人難過或困惑的地方與國家新聞
- 糾結於無禮、不愉快或充滿誤會的線上對話
- 遭受網路騷擾或霸凌

家庭與人際關係問題

- 家庭壓力（包含與直系親屬或親戚之間的緊張氣氛、虐待關係或懸而未決的家庭糾紛）
- 婚姻或關係壓力（例如頻繁為小事爭吵、口頭爭執、肢體衝突和家庭暴力）
- 探望難搞的家人或是和他們相處
- 離婚、撫育繼子女或成為混合家庭（又

稱繼親家庭，指由配偶雙方或一方因再婚而帶著前次婚姻所生的子女重新組成的家庭）

- 身為「三明治」世代的一員，撫養孩子之餘，還必須照顧父母或其他家人

教養挑戰

雖然孩子也可能是情緒觸發因子，但本書觀點將孩子視為踩雷高手，而非情緒導火線（詳見第三章）。你可能會覺得有些教養任務特別困難，這很正常。你的地雷是你的地雷，應付它們是你的責任。

- 撫養飽受重大或持續性身體／行為／發育／注意力／情緒問題困擾的孩子
- 孩子的年齡或發育階段；若該年齡或階段對小時候的你來說特別難熬，挑戰也會特別大
- 不斷鬥嘴或手足競爭
- 無法預期和不知該如何應對的新體驗
- 在工作與親子教養之間取得平衡的壓力
- 全職在家帶小孩的壓力
- 擔心孩子的發育和表現是否正常
- 對於孩子的行為與成長懷有期待，卻未獲滿足
- 來自家人或其他家長的壓力和批判
- 擔心自己的教養方式不正確，對自己的教養能力沒信心
- 不願參加卻覺得必須參加的活動或事件
- 節慶和度假
- 下雪、生病及其他讓你得留在家中與孩子共處，或急忙安排托育服務的突發意外
- 獨自一人撫養孩子（原因可能是喪偶、離婚、配偶從軍、出於自我選擇等）
- 經常對孩子抓狂（這可能是被激怒的結果，也可能是全新的導火線）

你和家人的生命週期里程碑

有些生命週期事件會帶來痛苦、愉悅或不堪負荷的感受。記住，就算是幸福快樂的經歷也可能會勾起不堪的回憶或意料之外的憂慮，讓你忍不住擔心未來，進而觸發內在的情緒。

- 懷孕
- 生產或領養
- 成長階段的變化（學習走路、青春期等）
- 開始上學、各年級升學
- 洗禮、浸禮與授予教名、嬰兒命名儀式
- 猶太成年禮、基督教堅信禮、甜蜜的十六歲或拉丁美洲傳統文化中的十五歲成年禮（quinceañeras）
- 孩子考到了駕照
- 畢業
- 上大學
- 找到第一份工作或換工作
- 離家獨立生活
- 結婚
- 退休
- 死亡

日／月／年循環

- 一天中的時刻（早起的鳥兒、夜貓子、夜半時分）
- 週年紀念（重大轉捩點、結婚紀念日、忌日）
- 生日
- 節慶假期（聖誕節、感恩節、母親節、父親節等）
- 季節性變化，例如季節性情緒失調（seasonal affective disorder，簡稱SAD）
- 與天氣有關的壓力源

財務壓力及相關難題

- 現金流問題
- 債務
- 收入不足
- 缺乏穩定或可靠的交通工具
- 居住條件不佳或不安全
- 你和家人缺乏高品質或可負擔的醫療服務
- 孩子缺乏高品質或可負擔的托育照顧服務
- 財務超支

工作與就業壓力

- 失業或就業困難
- 工作內容無聊或無趣
- 班表不理想或時常變動
- 缺乏專業支持
- 重要的截止日期迫近
- 身負艱鉅的責任
- 惡毒的主管或同事
- 惡劣的職場環境

你和家人的心理健康、心理疾病與癮症

- 酒精／藥物濫用或成癮
- 焦慮症、恐慌症或強迫症
- 憂鬱症、躁鬱症或其他重大精神疾病
- 注意力不足過動症或相關執行功能障礙
- 童年時期親子互動不足，或充斥著癮症、虐待與忽視等家庭問題
- 創傷和／或創傷後壓力症候群病史
- 沉迷於網路、遊戲、色情影片或賭博
- 出現自殘／自殺的念頭或感覺

你和／或家人的身體變化與考驗

- 慢性疼痛與疾病

- 重大或改變人生的診斷結果
- 發育或身體殘疾
- 常去診所、急診室或緊急治療中心看醫生
- 流產或不孕
- 月經週期、懷孕、更年期或停經所引起的荷爾蒙變化
- 需要經常監測或注意的過敏症狀
- 孩子因為小病、感染或受傷必須在家休息，而父母必須請假照顧
- 各種損傷
- 感冒、流感和各式各樣從來沒聽過的瘋狂病毒

社區與環境壓力及壓迫

- 在家庭、職場或社區環境中遭受系統性或個人種族歧視、恐同症、厭女症、身心健全主義等任何形式的壓迫
- 社區或鄰里環境不安全
- 政治或法律問題所造成的壓力和焦慮

危機與創傷

- 意外事故和傷害
- 監禁
- 死亡或失喪（包含寵物）
- 大規模槍擊案
- 自然災害（地震、火災、洪水、暴風雨等）
- 失去托育照顧服務
- 失業或就業困難
- 搬遷或失去住所
- 意料之外的診斷結果

能幫你擺脫抓狂的教養書清單

＊《關於壞行為的好消息：孩子失序行為背後的原因及應對策略》（*The Good News About Bad Behavior: Why Kids Are Less Disciplined Than Ever—And What to Do About It*，暫譯），凱薩琳・雷諾茲・路易斯（Katherine Reynolds Lewis）著

＊《快樂寶貝指南：如何在壓力山大的世界培養出快樂的孩子》（*The Happy Kid Handbook: How to Raise Joyful Children in a Stressful World*，暫譯），凱蒂・赫利（Katie Hurley）著

＊《因為是爸媽，你值得輕鬆快樂每一天：不需要多做什麼，只要改變觀念和方法》（*How to Be a Happier Parent: Raising a Family, Having a Life, and Loving (Almost) Every Minute*），KJ・戴爾安東尼亞（KJ Dell'Antonia）著

＊《忽視的力量：要解決問題，先選擇性忽略孩子的行為問題》（*Ignore It! How Selectively Looking the Other Way Can Decrease Behavioral Problems and Increase Parenting*

Satisfaction，暫譯），凱瑟琳・波爾曼（Catherine Pearlman）

＊《為母則強：給媽媽的自我照顧手冊》（*Strong as a Mother: How to Stay Healthy, Happy and (Most Importantly) Sane from Pregnancy to Parenthood: The Only Guide to Taking Care of YOU!*，暫譯），凱特・羅普（Kate Rope）著

＊《不是孩子不乖，是父母不懂！腦神經權威×兒童心理專家教你早該知道的教養大真相》（*Parenting from the Inside Out: How a Deeper Self-Understanding Can Help You Raise Children Who Thrive*），丹尼爾・席格（Daniel J. Siegel, MD）、瑪麗・哈柴爾（Mary Hartzell, MEd）著

＊《教養可以很簡單：運用少即是多的力量培育出冷靜、快樂又有安全感的孩子》（*Simplicity Parenting: Using the Extraordinary Power of Less to Raise Calmer, Happier and More Secure Kids*，暫譯），金・約翰・培恩（Kim John Payne, MEd）、麗莎・羅斯（Lisa Ross）著

＊《孩子鬧脾氣怎麼辦？爸媽必看生存指南》（*The Tantrum Survival Guide: Tune In to*

Your Toddler's Mind (and Your Own) to Calm the Craziness and Make Family Fun Again，暫譯），蕾貝卡・施拉格・赫許伯格（Rebecca Schrag Hershberg, PhD）著

・我的另外兩本著作

＊《活在當下的親子教養心法：如何專注於真正重要的事物》（*Parenting in the Present Moment: How to Stay Focused on What Really Matters*，暫譯）

＊《準備，冷靜，呼吸：與孩子一起練習正念，打造平靜的家庭氛圍》（*Ready, Set, Breathe: Practicing Mindfulness with Your Children for Fewer Meltdowns and a More Peaceful Family*，暫譯）

致謝

感謝偉大的經紀人吉莉安・麥肯錫（Gillian MacKenzie）與沃克曼出版社（Workman）的瑪格・赫雷拉（Margot Herrera）及其出色的編輯團隊，蕾貝卡・卡萊爾（Rebecca Carlisle）、佩姬・埃德蒙茲（Page Edmunds）、麗莎・霍蘭德（Lisa Hollander）、莫伊拉・凱利根（Moira Kerrigan）、貝絲・李維（Beth Levy），拉西婭・蒙德西爾（Lathea Mondesir）和艾麗莎・桑托斯（Elissa Santos），要是沒有你們的協助與指引，就不可能有這本書。此外，我還要謝謝我女兒的老師整天教導她們，讓我能專心寫作，對此，我永懷感激。

感謝瑞秋・巴伯內爾—弗萊德（Rachel Barbanel-Fried）、瑪伊姆・拜力克（Mayim Bialik）、戴夫・卡特勒（Dave Cutler）、凱瑟琳・弗林頓（Kathleen Flinton）、艾力克斯・麥克亞當（Alex McAdam）和凱特・羅普（Kate Rope），多虧

有你們這些朋友與資深讀者誠實、搞笑又充滿智慧的反饋，這本書才能變得更好。

感謝厲害的出書教練麗莎・特納（Lisa Tener）幫我草擬了出版提案，也謝謝我的治療師海瑟（Heather）每週二下午都竭盡所能地救我一命，替我解決人生困擾。感謝社群媒體擔任我的智囊團，解答了我所有隨意問問、關於九〇年代電視節目和咖啡因飲料的問題，伴我走過那段漫長的寫作之路，要是沒有這些網站，我一定撐不下去。另外，我也要謝謝我的貓，牠們一點也不在乎這本書，卻還是願意待在我身邊，陪我創作。

我真的很幸運能擁有全世界最棒的後援部隊。謝謝我姊姊丹妮耶拉・席維斯坦（Daniela Silverstein）不離不棄，和我一起經歷所有風雨，也謝謝我的好友瑪拉・艾西爾—格林（Mara Acel-Green）、瑞秋・費雪（Rachel Fish）、瑞秋・皮特爾（Rachel Pytel）和艾莉・沃夫（Ali Wolf），我愛你們。

最後，謝謝我的先生和我的女兒，謝謝你們給我的一切。你們就是我的一切。

教養生活 064

崩潰媽媽的自救指南：
保持冷靜、化解親子衝突的怒氣平復法

作　者—卡拉・納姆柏格博士（Carla Naumburg, PhD）
譯　者—郭庭瑄
主　編—郭香君
責任編輯—龍穎慧
責任企劃—張瑋之
視覺設計—比比司工作室
內頁排版—新鑫電腦排版工作室
編輯總監—蘇清霖
董事長—趙政岷
出版者—時報文化出版企業股份有限公司
108019台北市和平西路三段二四〇號一至七樓
發行專線—（〇二）二三〇六—六八四二
讀者服務專線—〇八〇〇—二三一—七〇五
（〇二）二三〇四—七一〇三
讀者服務傳真—（〇二）二三〇四—六八五八
郵撥—一九三四四七二四時報文化出版公司
信箱—10899臺北華江橋郵局第九九信箱
時報悅讀網—http://www.readingtimes.com.tw
綠活線臉書—https://www.facebook.com/readingtimesgreenlife
法律顧問—理律法律事務所　陳長文律師、李念祖律師
印　刷—紘億彩色印刷有限公司
初版一刷—二〇二〇年十月十六日
定　價—新臺幣三八〇元
（缺頁或破損的書，請寄回更換）

時報文化出版公司成立於一九七五年，
並於一九九九年股票上櫃公開發行，於二〇〇八年脫離中時集團非屬旺中，
以「尊重智慧與創意的文化事業」為信念。

崩潰媽媽的自救指南：保持冷靜、化解親子衝突的怒氣平復法
/ 卡拉・納姆柏格博士（Carla Naumburg）著；郭庭瑄 譯.
-- 初版. -- 臺北市：時報文化, 2020.10
面；　公分. --（教養生活；064）
譯自：How to stop losing your sh*t with your kids : a practical guide to becoming a calmer, happier parent

ISBN 978-957-13-8397-2（平裝）

1.親職教育　2.親子關係　3.情緒管理

528.2　　109014741

HOW TO STOP LOSING YOUR SH*T WITH YOUR KIDS by Carla Naumburg

ISBN 978-957-13-8397-2
Printed in Taiwan